머리말

어린 시절부터 한평생 신앙 생활을 해 왔습니다. 진리 찾아, 갈증 속에 생명수를 찾아 헤맸으나, 갈증을 해소해 주는 옹달샘을 찾지 못했습니다.

흰 눈 덮인 들녘에 굶주린 늑대의 울부짖음 같이 진리 찾고자 애타게 많은 세월 눈물로 보내던 중 마음에 깨달음의 생명수가 솟구쳤습니다.

아! 일깨워 주심입니다.
지식으로 됨이 아니요
학식으로 됨이 아니요
학력으로 됨이 아니다.

한평생 신앙 생황을 남달리 해 오면서 찾고자 하는 갈망 속에 마침내 아! 일깨워 주심에 지각하고 터득하여 하나님이 천지를 창조하신 이유 하나님의 섭리사를 터득하였기에 1달란트를 땅속에 묻어 둘 수 없어서 《사람 성전 이루어 하나님 되리라》 하늘나라 말씀, 생명의 말씀, 영생의 말씀을 펴냅니다.

2024년 11월

지은이 김문찬

사람! 聖殿 이루어 하나님 되시라

1판 1쇄 발행 2021년 12월 13일
2판 1쇄 발행 2024년 12월 10일

저자 김문찬

편집 윤혜린   **마케팅·지원** 김혜지

펴낸곳 (주)하움출판사   **펴낸이** 문현광

이메일 haum1000@naver.com   **홈페이지** haum.kr
블로그 blog.naver.com/haum1000   **인스타그램** @haum1007

ISBN 979-11-94276-50-0 (03230)

좋은 책을 만들겠습니다.
하움출판사는 독자 여러분의 의견에 항상 귀 기울이고 있습니다.
파본은 구입처에서 교환해 드립니다.

사람! 성전 이루어
하나님 되시라

목차

제1장. 하나님의 정체성(正體性)

하나님은 영적 존재로 계시며

하나님은 아무리 전지전능하셔도

영적 세계의 한계를 벗어나시지 못하신다.

이유는 체(體)가 없으시기 때문이다.

마음에 형상이 안 보이듯이

하나님의 형상도 안 보이신다.

마음의 형상이 몸으로 나타났듯이

하나님의 형상도 사람으로 나타내시었다.

사람의 마음에 형체가 없어서 마음이

원하는 대로 몸이 움직여 주듯이

하나님도 형상에 형체가 없어서

하나님이 원하시는 대로 사람이

움직여 드려야 한다.

고로 하나님이 체(體)가 필요로 지으심이 사람이다.

하나님 물잔을 옆으로 옮겨 주십시오.

평생을 기도드려도 물잔이 옮겨지지 않습니다.

그러나 나는 한순간 옮길 수 있습니다.

왜? 체가 있기 때문입니다.

"창세 전에는
땅이 혼돈하고 공허하며 흑암이
깊음 위에 있고 하나님의 영은
수면 위에 운행하시니라 (창 1:2)"

하나님이 우주를 창조하시기 전에는 빛도 없고, 하나님이 보시기에 좋았다는 대상물도 없었다. 땅은 혼돈하고, 공허하며, 흑암이 깊음 위에 있으며, 하나님의 신은 수면에 운행하고 계시는 어둡고 공허하고 황량한 상황이었던 것이다. 그러한 환경에 홀로 존재하시는 하나님은 심히 외롭고 고독하고 쓸쓸하셨으리라 예측된다.

하나님은 그러한 영적 세계의 환경을 초월하여 더 높은 이상, 감각적인 감성, 오감을 느끼며 기뻐하실 수 있는 잠재력이 팽창하여 계시던 중, 드디어 아름다운 착상을 떠올리셨다. 당신의 감성과 기쁨을 느낄 수 있는 당신의 실체 대상을 지으신다는 구상이셨다.

하나님은 그러한 크신 소망을 가지고 아름다운 우주 창조의 대역사를 깊이 구상하고, 설계하고, 계획을 세우시어 무형의 아름다운 착상을 유형의 아름다운 실체로 실현하고자 하셨다. 그것은 마치 작곡가가 아름다운 악상이 떠올라 오선지에 악보를 그려 넣고 건반을 쳐서 아름다운 악상이 건반을 통해 울려 나올때 작곡가는 기쁘고 보람을 느끼는 것과 같은 이치다.

즉, 무형의 악상이 유형의 곡으로 표현된 것과 같은 이치다. 하나님도 아름다운 착상을 실현하기 위하여 천지 창조라는 크신 소망과 이상을 가지시고 대역사를 착수하셨다.

제1절. 천지 창조

성경 구약 창세기 1장 1절부터의 내용을 보면 다음과 같이 천지 창조에 대한 기록이 나와 있다.

"태초에 하나님이 천지를 창조하시니라 / 땅이 혼돈하고 공허하며 흑암이 깊음 위에 있고 하나님의 신은 수면에 운행하시니라 / 하나님이 가라사대 빛이 있으라 하시니 빛이 있었고 / 그 빛이 하나님 보시기에 좋았더라 하나님이 빛과 어둠을 나누사 / 빛을 낮이라 칭하시고 어두움을 밤이라 칭하시니라 저녁이 되며 아침이 되니 이는 첫째 날이니라(창세기 1:1-5)"

이는 하나님이 행하신 첫 번째 창조의 내용에 대한 기록이다. 그 다음의 기록 내용을 보면 다음과 같다.

"하나님이 가라사대 물 가운데 궁창이 있어 물과 물로 나뉘게 하리라 하시고 / 하나님이 궁창을 만드사 궁창 아래의 물과 궁창 위의 물로 나뉘게 하시매 그대로 되니라 / 하나님이 궁창을 하늘이라 칭하시니라 저녁이 되며 아침이 되니 이는 둘째 날이라 / 하나님이 가라사대 천하의 물이 한곳으로 모이고 물이 드러나라 하시매 그대로 되니라 / 하나님이 뭍을 땅이라 칭하시고 모인 물을 바다라 칭하시니라 하나님이 보시기에 좋았더라(창세기 1:6-10)"

하나님은 이러한 과정으로 셋째 날에는 땅에 풀과 씨 맺는 채소와 열매 맺는 과목들을 종류대로 창조하셨으며, 그것들이 하나님 보시기에 좋았더라고 기록되어 있다.

넷째 날에는 하늘의 궁창에 광명이 있어 낮과 밤이 나뉘게 하시고, 그 광명으로 징조와 사시와 일자와 연한을 이루게 하셨으며, 그 광명으로 땅을 비추게 하셨다. 두 큰 광명을 만드시어 큰 광명으로 낮을 주관하게 하고 작은 광명으로 밤을 주관하게 하셨다. 또, 별들을 만드시어 하늘의 궁창에 두고 땅을 비추게 하시고, 주야를 주관하게 하시며, 빛과 어둠을 나뉘게 하시고, 보기에 좋았더라고 하였다.

다섯째 날에는 하늘의 궁창에는 새들을 날게 하시고 큰 물고기와 물에서 번성하여 움직이는 모든 생물을 종류대로, 날개 있는 모든 새를 그 종류대로 창조하셨으며, 보시고 좋아하시며 그들에게 생육하고 번성하여 바다와 땅에 충만하라고 축복하셨다.

여섯째 날에는 땅의 생물을 그 종류대로 내되, 육축과 기는 것들과 땅의 짐승들을 종류대로 내라 하시고 그 모든 것을 종류대로 만드시고 보시기에 좋았다고 하셨다.

그리고 나서 우리의 형상을 따라 우리의 모양대로 우리가 사람을 만들고 그로 하여금 지금까지 창조한 모든 것들을 다스리게 하시고 자기 형상 곧, 하나님의 형상대로 사람을 창조하시되 남자와 여자를 창조하시고 그들에게 복을 주시며 이르시기를 *"생육하고 번성하여 땅에 충만하라 땅을 정복하라 바다의 고기와 공중의 새와 땅에 움직이는 모든 생물을 다스리라(창 1:28)"* 하고 축복해 주셨다.

하나님께서 그들에게 내가 지면에 씨 맺는 모든 채소와 씨 가진 열매 맺는 모든 나무를 너희에게 주노니 너희 식물이 되리라고 하셨으며, 또 땅의 모든 짐승과 공중의 모든 새와 땅에 기는 모든 것에게 모든 푸른 풀을 식물로 주노라 하시니 그대로 되었다.

하나님이 지으신 그 모든 것을 보시니 심히 좋았더라고 하였으며 저녁이 되고 아침이 되니 여섯째 날이었다고 기록되어 있다.

영적 존재로 계시면서 외롭고 고독하시던 하나님께서는 천지 창조를 통해 실체를 만나게 되니 기쁨과 더불어 크신 보람이 있었다는 심정적인 표현을 하셨다.

위의 내용에서 볼 수 있듯이 하나님은 천지 창조를 하심에 있어 순서에 의해서 기본적인 것부터 단계적으로 창조해 나가셨다.

하나님의 정체성

성경 중 창세기에 기록된 하나님의 천지 창조는 문학적인 표현으로 되어 있어 설화처럼 보이기도 한다. 이 대우주 삼라만상의 창조에 관한 기록은 유일하게 성경에만 기록되어 있다.

제2절. 창조 과정

하나님의 창조 과정을 과학적 측면에서 이해하자면, 맨 먼저 물질의 가장 작은 단위인 쿼크(Quark)*로부터 원자, 분자 등을 창조하시고, 그것들을 통해 광물 세계를 창조하신 것으로 보인다.

그다음 광물 세계를 기본으로 하여 식물 세계를 창조하셨고, 식물 세계를 기본으로 하여 동물 세계를 창조하셨으며, 그 위에 하나님의 형상대로 사람을 창조하신 것으로 보인다.

하나님께서는 각 단계의 모든 것들을 만드시고 그때마다 보시기에 좋았더라고 하셨다. 그런데 하나님의 형상대로 아담을 지으시고는 왜 '보시기에 좋았더라'는 말씀을 하지 않으셨을까?

하나님께서는 모든 존재물을 상대가 있도록 창조하셨다.

* 물질을 더 이상 쪼갤 수 없다는 원자를 쪼개 양성자와 전자를 밝혀냈으며 이 양성자와 전자를 합쳐 바리온이라 부르는데, 이 바리온을 이루는 입자를 쿼크라고 함

존재물의 기본 단위라 할 수 있는 원소로부터 광물 세계, 식물 세계, 동물 세계, 그 위에 사람에 이르기까지 모두 상대가 있다. 즉, 광물 세계는 양이온과 음이온, 식물계는 암술과 수술, 동물 세계는 암놈과 수놈, 사람은 남자와 여자로 되어 있는 것이다.

모든 존재물은 상대가 있어야 조화가 되고, 번식이 이루어지며, 그럼으로써 영존할 수가 있다. 그리고 상대가 없으면 외로워 보인다. 기쁨이란 반드시 주체와 대상이 있어서 서로 주고받을 때 발생하는 것이다.

하나님께서 아담을 지으시고 아담이 독처하는 것이 '보시기에 심히 좋았더라!' 하셨는가? 아니다, 왜 그러지 않으셨는가? 모든 존재는 짝이 있는데 아담은 짝이 없었던 것이다.

하나님께서는 아담이 독처하는 것을 안쓰럽게 여기시고 아담이 잠든 사이에 아담의 갈빗대를 취해 하와를 지으시고 아담을 돕는 배필이 되게 하셨다. 아담이 외로이 독처하는 것이 바로 하나님과 입장이 동일하게 느껴졌기 때문이다.

하나님께서 외로우셔서 우주 창조를 하신 것과 같은 이치다.

하나님께서는 아담과 하와를 영적 존재이신 하나님을 닮은 실존체로 창조하시고 육신을 가진 그들을 통해 희로애락의 감정을 느끼시고자 하셨으며, 그들에게 우주 삼라만상을 다스리라 하시고 그 광경을 보시면서 기쁨을 느끼시고자 하셨다.

성경에는 인류 역사가 6천 년이라고 되어 있다.

하나님께서 우주 창조를 하셨는데, 현세에 종교와 과학이 '창조'에 대한 논쟁에서 큰 논쟁거리 중의 하나가 성서상의 인류 역사가 6천 년이라는 것이 과학적으로 이해하기에 무리라는 것이다. 물리학계에서는 인류의 역사를 빅뱅 이후 138억 년으로 추정하고 있다.

하나님께서 우주 만물을 창조하실 때 6일이 걸렸다고 하는데, 그 하루라고 하는 것은 오늘날 우리가 인식하고 있는 24시간이라는 개념이 아니다. 성서상의 하루는 한 단계의 창조를 시작해서 그 과정을 마친 시점이라고 봐야 한다. 즉, 각 창조의 단계라고 이해해야 한다.

하나님은 법칙과 질서대로 창조하셨고 법칙과 질서를 위배한 창조나 섭리는 있을 수 없다.

"창조를 마치시고 저녁이 되며 아침이 되니 이는 둘째 날이니라." 라고 한 것은 하나님이 창조하시면 그 피조물이 성장하는 기간을 밤이라고 보아야 한다.

따라서 성서에서의 하루는 피조물이 창조되어 완성하기까지의 기간을 뜻하는 것이니 성서에서의 하루는 1천 년, 1만 년이 될 수도 있고, 1억 년이 될 수도 있다.

전지전능하신 하나님이시니 말씀이 떨어지자마자 곧바로 피조물이 실체화됐다면 6일씩이나 경과할 필요가 있겠는가. 한 시간 내로, 아니 몇 분 이내로 모두 끝내셨을 것이다.

"여호와 하나님께서 흙으로 사람을 지으시고 생기를 그 코에 불어 넣으시니 생령이 된지라(창 2:7)."

하나님께서는 모든 만물을 말씀으로 창조하셨지만, 사람만큼은 직접 흙으로 지으셨다고 하셨는데 하나님께서는 영으로 계시기에 손이 없으셔서 흙을 빚어 사람을 지으실 수가 없으시다.

물컵을 옆으로 옮겨 주세요 평생을 기도 드려도 하나님은 못하신다. 왜? 체가 없으셔서다.

흙이란 무엇인가?

흙은 모든 생물을 생성(生成)시키는 기(氣)와 효소로 구성되며 총합적인 결집체로 사람을 지으셨다는 뜻이다.

하나님이 아담을 지으시고 일어나라 하시면 아담이 순간 벌떡 일어 나겠는가? 아니다.

사람이 죽으면 살과 뼈가 부패하여 흙으로 돌아가기까지 수백년의 시간이 지나야 한다. 하나님께서 흙으로 지으신 아담의 육체가 흙에서 뼈와 살로 변하기까지 그리고 인체의 모든 기관의 기능이 작동하게 되기까지는 많은 시간이 흐른 후에야 가능할 것이었다.

따라서 아담이 온전한 사람이 되어 생활할 수 있기까지는 많은 시간이 흘러야 했을 것이다.

아무리 전지전능하신 하나님이시라 해도 창조 과정에는 반드시 법칙이 있고, 질서가 있고, 작용할 기간이 필요한 것이다.

이러한 절차를 무시한 창조가 있을 수 있을까? 그런 일은 있을 수 없다. 그것은 창조주 하나님의 능력을 의심하는 것이다. 천지 창조는 기적이 아니다. 철저하게 구상하시고 설계하시고, 계획하신 대로 지어진 것이다.

하나님께서 사람을 얼마나 과학적이고 예술적으로 정확하고 정교하게 지으셨는지 살펴보자.

사람은 머리와 몸통, 팔다리의 세 부분으로 구성되어 있다. 인체 중에서 가장 중요하고 정밀한 기관이 뇌이다.

오감을 느끼고 그에 반응하도록 명령하는 기능과 생각하고 계산하고 처신할 수 있는 능력을 가진 것이 뇌이다. 그 뇌가 있는 머리는 무겁기도 하고 움직임이 많은 기관이다. 그런데 그 머리를 가느다란 목이 받치고 있다. 그뿐 아니라 그 목을 움직여 전후좌우를 수시로 살핀다. 그 뇌와 목의 기능하는 것을 보면 참으로 신비스러움을 느낀다.

그리고 하체 즉, 두 다리가 몸통을 받치고 있는데, 하체 부위 중 발은 그 작은 두 발바닥으로 무거운 몸을 받치고 설 뿐 아니라 쏜살같이 달릴 수도 있다. 사람은 생명 있는 존재 중에 직립 즉, 똑바로 설 수 있는 가장 고등의 생명체다. 이 발은 아치형으로 설계된 발바닥과 다섯 개의 발가락으로 되어 있어 균형 감각, 유연성, 추진력 등에 효율적으로 작용한다.

그런가 하면 팔 부분은 손이 있어 지극히 정교하고 섬세할 뿐 아니라 대단한 악력으로 사람이 생각하는 모든 것을 실행할 수 있는 무한한 능력을 발휘한다.

그런가 하면 발바닥의 모든 부위에는 오장육부 사지백체가 축소되어 들어 있는 형국이어서 그에 대한 상응점들이 있고, 손바닥에도 역시 사지백체의 축소된 상응점들이 있다. 손바닥과 발바닥뿐 아니라 인체의 각 부분이 모두 몸 전체의 축소된 기능과 상응점들을 가지고 있다.

인체 각 부분이 유기적인 관계를 가지고 서로 협조 보완을 통해 우리 몸을 유지 지탱해 나아가고, 우리가 아무런 불편 없이 일상생활을 영위하는 것이다.

이렇게 합리적이고 과학적으로 설계되어 있어 사지백체가 뇌에서 생각하는 대로 긴밀하고 정확하게 움직이며, 그 행위에 대한 피드백을 뇌에 전해 줌으로써 생각과 행동이 일관된 인체 활동을 이어 가는 것이다.

이런 메커니즘은 동물이나 식물 세계도 마찬가지라는 것을 알 수 있다. 이런 모든 현상이 창조주의 신비스러운 창조 능력을 보여 주는 실증이 아니겠는가.

얼굴에 있는 두 눈을 보면 눈 위에 눈썹이 있어 흘러내리는 땀방울이나 물방울이 눈썹을 타고 옆으로 흘러내려서 눈으로는 물이 들어가지 않도록 해 준다. 그런가 하면 속눈썹은 변화무쌍한 환경에 반응하여 눈의 오염을 방지하고, 안구의 습도와 온도를 조절해 눈의 건강을 유지하도록 해 준다.

코를 보자면 두 개의 콧구멍이 호흡을 통해 신선한 산소를 들이고 이산화탄소를 내보냄으로써 우리 몸이 건강을 유지하도록 해 준다. 그런데 이 콧구멍이 거꾸로 되어 있다고 생각해 보자. 어떻게 되겠는가? 상상해 볼수록 오묘한 창조의 능력을 실감하게 된다.

지금까지 짚어 본 몇 가지 예는 인체 외부의 일부분에 해당하는 것들이고, 인체의 내부를 보자면 더 신비스러움을 느끼게 된다. 내부

장기들의 오밀조밀하고, 조직적이고, 유기적인 활동을 보면 얼마나 섬세하고 합리적이고 협조적인 관계를 유지하며 움직이고 있는지 모른다. 이에 관해서는 어느 인체공학 전문가도 다 설명하기가 쉽지 않을 것이다.

하나님께서는 이렇게 한 신체 내의 각 부분을 어느 한 곳에 축소판적인 성격을 부여하시어 자기 고유의 역할과 더불어 다른 기관과 서로 돕는 유기적인 관계를 갖도록 만드셨다. 그 결과 인간은 어떠한 환경에서도 능동적으로 적응하며 살아갈 수 있다.

몸에 상처를 입게 되면 병원에 가서 치료를 받는데, 의사의 의술로 치료되었다고 보는가?

병원에 있는 의사는 세포를 생산해 내지를 못한다. 의사는 상처 부위를 소독하고, 꿰매 주고, 상처 부위가 감염되지 않도록 약을 처방해 주었을 뿐이다.

인체의 모든 세포는 주기적으로 새로운 세포로 교체되고, 원상으로 복귀되어 가는 성질을 가지고 있어 상처 부위가 자동으로 회복되는 것이다. 우리 인체는 60조 개의 세포로 구성되어 있는데 그 세포들이 모두 재생 능력을 가지고 있다는 것은 놀라운 일이 아닐 수 없다.

만일 세포에 재생 능력이 없다고 가정해 볼 때 어떠한 현상들이 나타날까? 상상하기도 쉽지 않은 것이다.

이렇듯 신비한 메커니즘을 가지고 있는 몸뚱이가 한순간에 흙으로 빚어졌다고 생각하는가? 아무리 전지전능하신 하나님이라 해도 완성된 몸뚱이를 가진 아담이 될 때까지는 수정에 수정을 더하시며 많은 세월을 보내셔야 했을 것으로 추정한다.

사람의 감각기관에는 한계를 두고 지으셨다.

예를 들자면, 눈이 사물을 볼 수 있는 가시거리와 물체의 크고 작음의 관계라든지, 귀의 울림과 크고 작은 소리의 관계, 음식의 섭취량이나 손발의 크기, 손가락 발가락의 개수 등 인간들이 일상생활을 하기에 가장 적합한 기준을 고려하여 수정에 수정을 거듭했을 것이다.

약육강식의 생존법이야 인간들뿐 아니라 동물의 세계에서도 볼 수 있는 것이지만, 상대방을 위하고, 감동하고, 배려하는 행동 속에서 양심을 중심으로 삼고 서로가 잘 살아가는 생존 방식은 오로지 인간 세계에서만 볼 수 있는 차원 높은 생존 방식이다.

위에서 본 바와 같이 사람이라는 객체의 기능을 살펴보면 살펴볼수록 과학적이고 예술적으로 되어 있음에 신비스러움을 느끼지 않을 수 없고, 찬양하지 않을 수 없다.

인간은 희로애락(喜怒哀樂)의 세계에서 다른 사람들과의 관계를 통해 살아간다. 그 삶 속에서 스스로 옳고 그름을 판단해 행동하고 상대방을 위하고 배려하는 생활을 하면서 미래를 설계하고 노력하며 살아가는 것이다.

그런 각자의 삶은 정해진 길이 아닌 예측할 수 없는 삶이요, 그 삶의 발자취에 의해 영혼의 성장이 이루어지고, 그 결과를 가지고 사후 세계에 가는 것이 인생이다.

제3절. 에덴동산의 창설

하나님은 창세 전 구상하셨던 에덴동산의 이상을 실현하기 위하여 환경도 좋고 지리적 여건이 좋은 지역을 선정하여 아담, 하와를 지으시고 **"동산 각종 나무의 실과는 네가 임의로 먹되 동산 중앙에 있는 선악을 알게 하는 나무의 실과는 따먹지 말라. 네가 먹는 날에는 정녕 죽으리라 하시니라(창 2:16-17)"**

아담과 하와가 뱀의 꼬임에 빠지지 않고 하나님의 명을 지키면서 성인으로 잘 성장하였다면, 하나님의 축복하에 부부의 인연을 맺고 결혼해서 자식을 낳았을 것이다. 그랬다면 죄가 없는 선의 자녀를 낳아 선의 가정을 이루고 선의 민족, 선의 국가, 선의 세계로 번창해 나갔을 것이다.

그것은 즉, 하나님께서 창세 전에 구상하시고 소망하셨던 뜻이 이루어지는 것이다. 사랑의 세계요, 행복의 세계요, 기쁨의 세계요, 평화의 세계요, 하나님이 소망하는 이상 세계인 것이다.

"따먹지 말라, 먹는 날에는 정녕 죽으리라." 하셨건만, 아담과 하와는 근엄하신 하나님의 말씀을 거역하고 선악과를 따먹었다. 그들은 선악과를 따먹은 후 두려움과 부끄러움을 느껴 나뭇잎으로 하체를 가리고 숲속에 숨어 있었다. *자기의 부끄러움을 보이지 아니하는 자는 복이 있도다(계 16:15)."*

해가 너울너울 질 무렵, 동산을 거니시던 여호와 하나님이 아담을 부르시며 "네가 어디 있느냐?" 하시며 부르셨다. 아마도 아담이 지엄한 명을 어긴 죄를 눈물로 회개하며 용서해 주십사고 빌기를 바라셨을지도 모를 일이다.

아담이 대답하여 아뢰기를 *"내가 동산에서 하나님의 소리를 듣고 내가 벗었으므로 두려워하여 숨었나이다(창 3:10)"* 하고 대답했다. 그러자 하나님께서 말씀하시기를 "누가 너보고 벗었다고 하더냐?"라고 물으셨다.

이어서 성경 내용을 보자.

"가라사대 누가 너의 벗었음을 네게 고하였느냐 내가 먹지 말라 명한 그 나무 실과를 네가 먹었느냐 / 아담이 가로되 하나님이 주셔서 나와 함께 하게 하신 여자 그가 그 나무 실과를 내게 주므로 내가 먹었나이다

여호와 하나님이 여자에게 이르시되 네가 어찌하여 이렇게 하였느냐 여자가 가로되 뱀이 나를 꾀므로 내가 먹었나이다 / 여호와 하나님이 뱀에게 이르시되 네가 이렇게 하였으니 네가 모든 육축과 들의 모든 짐승보다 더욱 저주를 받아 배로 다니고 종신토록 흙을 먹을지니라

또 여자에게 이르시되 내가 네게 잉태하는 고통을 크게 더하리니 네가 수고하고 자식을 낳을 것이며, 너는 남편을 사모하고 남편은 너를 다스릴 것이니라 하시고 / 아담에게 이르시되 네가 네 아내의 말을 듣고 내가 너더러 먹지 말라 한 나무 실과를 먹었은즉 땅은 너로 인하여 저주를 받고 너는 종신토록 수고하여야 그 소산을 먹으리라

땅이 네게 가시덤불과 엉겅퀴를 낼 것이라 너의 먹을 것은 밭의 채소인즉 / 네가 얼굴에 땀이 흘러야 식물을 먹고 필경은 흙으로 돌아가리니 그 속에서 네가 취함을 입었음이라 너는 흙이니 흙으로 돌아갈 것이니라 하시니라 / 아담이 그 아내를 하와라 이름하였으니 그는 모든 산 자의 어미가 됨이더라 / 여호와 하나님이 아

담과 그 아내를 위하여 가죽옷을 지어 입히시니라

여호와 하나님이 가라사대 보라 이 사람이 선악을 아는 일에 우리 중 하나 같이 되었으니 그가 그 손을 들어 생명나무 실과도 따먹고 영생할까 하노라 하시고 / 여호와 하나님이 에덴동산에서 그 사람을 내려보내서 그의 근본된 토지를 갈게 하시니라

이같이 여호와 하나님이 그 사람을 쫓아내시고 에덴동산 동편에 그룹들과 두루 도는 화염검을 두어 생명나무의 길을 지키게 하시니라(창 3:11-24)"

하나님께서는 가슴이 찢어지는 것 같았을 것이다. 자신의 명을 어긴 것도 안타깝지만 아담이 대답하는 말투가 하나님이 바라셨던 말투가 전혀 아니었던 것이다.

하와가 갑자기 내미는 선악과를 보면서도 하나님의 명을 항상 가슴에 새겨서 "하와야, 이러지 말자. 하나님의 명을 어겨서는 안 된다!" 하고 강하게 말렸더라면 얼마나 좋았을까? 그러나 아담은 하와의 애교와 유혹에 순간적으로 본의 아니게 넘어갔고, 선악과를 먹고 보니 큰일을 저지르고 말았다는 생각에 두려웠을 것이다.

하나님은 "저희를 위해 주신 명을 어기고 말았으니 죄송스럽기 한이 없습니다. 부디 이 경솔함을 벌하여 주십시오." 하고 회개하는 대답을 듣고 싶으셨을지도 모를 일이다. 그러나 아담은 "하나님이

나를 위해 주신 그녀가 먹으라고 하기에 먹었습니다."라며 뻔뻔하고 당당하게 하와에게 책임을 떠넘기며 변명을 했다.

하나님이 나를 위해 주신 그녀가 먹으라고 하기에 먹었다고 하는 것은 하나님이 나를 위해 하와를 지어 주시지 않았으면 이런 일도 없었을 것이라는 의미로도 유추하고 해석할 수 있는 것 아닌가?

그것은 화살을 하나님께로 돌리는 것과 같은 결과이기 때문에 이는 하나님께서 상상할 수도 없는 변명이었던 것이다.

하나님은 아담의 대답에 매우 실망하셨을 것이다. 만일 아담이 하와의 유혹을 거절하고 선악과를 먹지 않았다면 하나님의 섭리 역사가 어떻게 되었을까?

하나님의 부르심에 대한 대답은 하와도 마찬가지였다. "뱀이 꼬여서 먹었습니다."라고 대답한 것이다. 자기가 먹고 싶어서 먹은 것이 아니라 뱀이 꼬여서 먹었기 때문에 자기 잘못은 아니라는 듯이 대답했던 것이다.

벌써 그들의 마음에는 이미 사탄이 들어와 자리하고 있었던 것이다. 그들에게서 일말의 가능성도 찾아내지 못한 하나님께서는 생명나무 실과도 따먹고 영생할까 그들을 에덴동산에서 쫓아내신 것이다.

하나님의 정체성

하나님과의 연계된 밀접한 관계가 끊어지고 사탄 주관권 내에 속한 타락 인간으로 탈바꿈되어 버렸다. 원죄가 없던 아담이 타락함으로써 후손인 우리들도 태어나면서부터 원죄를 가지고 태어나게 되었다.

우리는 어떻게 원죄를 청산할 수 있을까? 원죄 사함은 인위적인 방법으로 됨이 아니요 하나님께서 나의 기도로 사(赦)하여 주실 뿐이다. 사람의 죄를 사하여 주심은 오직 하나님뿐이요 하나님 주권이시다.

원죄는 나와 하나님과의 관계요, 하나님께 원죄를 청산해 달라는 기도를 간곡히 드리는 것밖에는 대안이 없다. "하나님, 저의 원죄를 사(赦)하여 주시옵소서." 하고 하나님께 간절히 기도를 드리면 하나님은 반드시 사해 주신다.

에덴동산에서 지음 받은 아담과 하와는 영생체로 지음 받았으나 '따먹으면 정녕 죽으리라.' 하신 바와 같이 따먹은 순간 아담과 하와는 이미 죽은 몸이요, 하나님과의 직접 주관권 내에서 사탄 주관권 내로 떨어져 나간 처지이다.

하나님과의 밀접한 연계성, 절대성, 존엄성, 일체성이 사라졌고 영생체로 지음 받았으나 타락으로 아담과 하와는 죽은 자로 흙으로 돌아가게 되었다.

제2장. 타락(墮落)이란?

하나님의 말씀과 명을 어기고 따먹지 말라는 선악을 알게 하는 나무의 실과를 따먹은 것이 타락이다. 선악과를 따먹은 결과로 오늘날 우리는 죄악의 굴레에서 벗어나 보려고 신앙 생활을 하는 것이다.

불신자라 하더라도 정한수 떠 놓고 두 손 모아 빌면서 소원을 갈구하는 모습은 신의 존재를 인정하는 생각에서 비롯된 것이며, 달과 태양을 향해 소원을 성취하기를 비는 것도 신의 존재를 인정하는 것이며, 일종의 신앙인 것이다.

누구도 신의 존재를 부정할 수 없고, 신의 영역에서 벗어날 수가 없으므로 신을 부정하는 생활 문화에서 긍정하는 생활 문화로 바꿀 수 있도록 해야 한다.

우리가 아무리 죄악에서 벗어나 보려고 애쓰고 노력하지만, 사람의 몸과 맘의 싸움은 평생 끝나지 않는다. 우리의 몸은 항상 맘이 요구하는 대로 행하여지기보다는 몸이 요구하는 대로 행동하고 괴로워하며 사죄하고 번뇌로부터 탈피해 보려고 노력한다.

때로는 죄 사함을 받은 것 같이 마음의 위로는 오지만 그것은 한순간이요, 봄 동산에 풀잎 돋아나듯 또 괴로움이 엄습해 온다. 죄로부터 자유로워질 수가 없다.

현존하는 타락한 인간은 어찌할 수 없는 모순과 이중성을 인정하지 않을 수 없다. 외적으로는 타의 모범적 생활을 보여 주지만, 내적으로는 치밀어 오르는 욕구의 행위를 행한다.

이것이 타락한 인간의 모습이다. 상반된 두 모습이 인간에게 공존하기에 사람의 삶이 괴롭다는 것이다.

바울도 탄식했다. 이러한 현상이 타락의 결과이다.

"내 속사람으로는 하나님의 법을 즐거워하되 / 내 지체 속에서 한 다른 법이 내 마음의 법과 싸워 내 지체 속에 있는 죄의 법으로 나를 사로잡아 오는 것을 보는도다 / 오호라 나는 곤고한 사람이로다 이 사망의 몸에서 누가 나를 건져내랴(로마서 7:22-24)"

바울의 고백이다. 사람 시조의 타락이 오늘날 우리에게까지 유전되어 나에게도 고통을 미치고 있다.

인간 시조가 선악과를 따먹은 죄가 유전된다면 실과를 먹은 결과가 죄가 될 수 있나? 입으로 들어가는 것이 더럽히지 않은 것이다. 물질로는 유전될 수 없다.

성서상에는 중요 부분이 상징과 비유로 표현된 구절이 많다. 선악과는 비유가 아니겠는가? 따먹으면 죽는다고 하셨는데 보기에 실과보다 더 먹고 싶은 충동감이 생겨났다고 했다.

하와는 하나님과 같이 되어 보고 싶은 욕망과 야망을 갖게 되었는데 그것은 곧 타락하는 원인이 되었고, 마침내 뱀의 꼬임에 빠져 선악과를 따먹게 되었다. 하와가 아담을 찾아가 먹기를 권하니 아담도 먹고 말았다. 아담과 하와가 선악과를 따먹음으로 말미암아 한순간 하나님이 창조하신 천지에 비극적인 대참사가 벌어진 것이요, 천추의 한을 남긴 아담과 하와의 타락으로 말미암아 말로써는 형언할 수 없고 글로써는 표현할 수 없는 광경이 벌어진 것이다.

평소에는 대수롭지 않게 보이던 실과가 뱀의 꼬임에 넘어가서 아름답게 보이고 먹음직스러워 보이는 마음이 드는 순간, 이미 하와는 타락의 원인이 되었고 실과를 먹었든지 어떤 행위를 했든지 그것은 타락의 결과일 뿐이다.

원인으로부터 결과를 도외시할 수 없고 원인 없는 결과가 있을 수 없다. 말씀으로 계시는 하나님의 말씀, 명(命)을 거역하고 하나님의 말씀을 불신함은 하나님을 부정하는 행위로, 결코 용서를 받을 수 없는 엄중한 징벌을 받을 행동이다.

타락이란?

제1절. 따먹는 아담과 하와를 못 말리신 이유

하나님은 에덴동산 중앙에 선악을 알게 하는 나무의 실과를 왜 지어 놓으셨으며, 먹지 말라는 실과를 따먹었다고 그렇게 무자비하게 쫓아내셨단 말인가?

2016년 5월 18일 중앙일보 기사에 의하면 지하철 스크린도어 보수 공사를 하던 19세 청년이 전철에 치여 사망했다고 한다. 소식을 듣고 현장에 달려온 어머니는 일그러진 사체의 얼굴을 보고서 내 아들이 아니라고 하다가 주변에 찢어진 옷가지를 보고서야 자기 자식임을 알게 되었고, 대성통곡을 하며 "내가 숨을 쉬어서 살아 있기는 하다만, 나는 이미 죽은 사람이오." 하며 참담해했다.

자식을 잃은 어머니의 애절함과 애통함을 어찌 그 어머니만 느끼겠는가. 세상 모든 어머니의 자식에 대한 사랑과 애정은 동일하다. 자기 배가 고파도 자식의 입에 넣어 주는 것이 부모요, 자식이 아프면 대신 아파 주고 싶은 것이 부모의 심정이다.

죽음의 자리에서도 대신 죽어 줄 수만 있다면 대신 죽어 주고 싶은 것도 타락한 인간 부모일지라도 자식에 대한 애정이다.

사랑의 본체이신 하나님께서 동산 중앙에 본인이 심어 놓으신 선악을 알게 하는 실과의 열매를 따먹지 말라 하셨거늘, 따먹었으면 다음에는 절대 따먹지 말라 야단을 치신다든가 아니면 회초리로 몇 대 때리고 훈계하실 일이지 어찌 그렇게 매몰차게 에덴동산에서 쫓아내셨단 말인가 의아해하지 않을 수 없다.

그렇게도 매몰차게 하셔야만 했던 사연이 있다면 과연 무엇일까?

동물과 식물은 자체적인 자율성과 주관성에 의하여 자생하며 결실을 맺고 번식하며 생존하지만, 사람은 하나님의 형상대로 지음 받았고 자체의 자율성과 주관성에 의하여 자존 생존 번식하지만, 동물들과 달리 말씀의 순종과 창조성을 부여받았다.

제2절. 창조성(創造性)이란

하나님의 창조 목적은 6천 년이 지났어도 아직까지 미완성 상태다. 사람도 타락으로 인해 현재까지 완성되지 못한 미완성 단계의 존재다.

하나님의 창조 목적은 어떻게 완성되나?

사람에게 주어진 하나님의 말씀과 명을 존중할 때 이루어진다. 따라서 하나님의 창조 목적도 완성되는 것이다.

창조의 완성은 누가 하나?

타락이란?

하나님 혼자서는 못하신다. 하실 수 있다면 왜 6천 년이 흐르도록 못 이루셨겠는가. 창조 목적의 완성은 어떻게 이루어지냐, 하나님의 말씀과 명을 순종하며 인간이 그 사명을 완성할 때 비소로 완전해 지는 것이다.

천지 창조의 완성은 누가 했나?

하나님 말씀에 순종하고 사명을 완수한 네가 했다. 이것이 창조성인 것이다.

자식이 바라던 좋은 학교에 입학했다. 부모는 재워 주고, 입혀 주고, 먹여 주고, 학비 일체를 자식을 위해 헌신했건만 모든 칭찬과 영광은 자식에게 돌아간다.

부모는 결과에 만족할 뿐이다.

마찬가지로 모든 권세와 영광은 바로 너의 것이니 놀라운 우주 창조는 네가 했다.

고로 네가 창조주다.
이것이 하나님의 사람에 대한 놀라우신 사랑과 축복이다.

하나님이 홀로 섭리를 완수하실 수 있었다면 인류 역사 6천 년이라는 시간이 소요되지 않았을 것이며 사람에게 부여하신 창조성은 무의미한 것이다.

하나님 자신이 지으신 인간의 가치를 스스로 기계나 머슴(부리는 종)으로 지으신 결과밖에 안 되기에, 하나님의 존엄성과 절대성을 스스로 부정하시는 결과밖에 안 되기에, 아담과 하와가 먹지 말라고 했던 실과를 따먹는 것을 보시고도

하나님은 사람에게 절대적인 창조성을 부여하시기 위해서 간섭하지 못하신 것이다.

하나님은 사람을 어떤 격(格)으로 지으신 것인가?
하나님은 사람을 하나님의 격으로 지은 것이다.

제3절. 선악과(善惡果)란

에덴동산에 생명나무와 선악을 알게 하는 두 나무가 있었고 사람도 아담과 하와 두 사람이 있었는데, 성경에는 사람을 나무로 비유함이 있다.

"예수님이 나는 포도나무요 너희는 가지니(요 15:5)"

"돌감람나무인 네가 그들 중에 접붙임이 되어 참감람나무 뿌리의 진액을 함께 받는 자가 되었은즉(롬 11:17)"

"의인의 열매는 생명나무라 지혜로운 자는 사람을 얻느니라(잠

11:30)"

생명나무를 완성한 사람 즉, 아담으로 비유했다면 선악을 알게 하는 나무는 하와로 비유했을 것이다. 선악과는 선악을 알게 하는 나무의 열매로, 하와가 하나님의 말씀을 잘 순응하여 뱀의 꼬임에 빠지지 않았다면 선의 열매를 맺었을 것이다.

그러나 하와가 하나님의 말씀을 불순종함으로 말미암아 뱀의 꼬임에 빠져 타락했기에 악의 열매를 맺게 되었고, 그로부터 인간은 원죄를 가지고 태어나게 되었다. "선악과를 따먹지 말라." 이는 하나님의 명령이셨다. 근엄하신 하나님을 생각했다면 어떤 유혹이 찾아와도 능히 물리칠 수 있는 것이다.

뱀이 하와에게 나타나 달콤한 이야기로 유혹할 때 충동감이 생겨났다고 했다.

무슨 이야기로 충동감을 일으키게 했을까?

사춘기에 처해있는 하와에게 뱀은 아담과의 성행위를 강요했다. 하와가 듣고 보니 과실보다 먹음직스럽고 충동감이 생기며 아담을 찾아가 먹기를 간청하니 아담도 순간 호기심에 하와의 요구를 뿌리치지 못하고 성행위를 했다.

저지르고 보니 잘못을 깨닫게 되었다.

부끄러워 무화과 나뭇잎으로 하체를 가리고 있노라니 하나님의 부르심의 소리가 들렸다….

아담, 하와가 사춘기를 벗어나 성인이 되면 하나님께서 축복을 해주시어 부부의 연을 맺었으면 선의 자녀를 낳았을 터인데 부정한 행위로 하나님의 명을 거역하여 하나님의 천지창조가 비극적인 대참사로 벌어진 것이다.

선악과는 과일이 아니고 비유이다.

누가 누굴 따먹었나. 과일을 먹었나?

하나님이 크신 소망을 바탕으로 구상하시고, 설계하시고, 이루어 내신 에덴동산의 이상이 인간 시조의 타락으로 소멸되어 버렸지만, 하나님은 자포자기하실 수가 없는 것이다.

우주 창조 빅뱅 138억 년이나 걸쳐서 창조하신 이 우주를 하나님이 어찌 그리 쉽사리 버리실 수가 있겠는가. 지으실 때마다 보시기에 좋았더라 하시며 기뻐하신 하나님이셨다.

기독교인들은 예수님을 믿고 천국 가자고 한다. 타 종교도 사후에 좋은 세계로 간다고 한다. 우리가 사는 이 지구는 버리시겠다는 뜻인가?

"한 세대는 가고 한 세대는 오되 땅은 영원히 있도다(전 1:4)"

타락이란?

하심 같이 계획하셨던 대로 하나님의 천지 창조의 이상이 실현되지 않았으나 하나님은 기필코 천지 창조의 이상을 이루어 내실 것이다.

"내가 말하였은즉 정녕 이룰 것이요 경영하였은즉 정녕 행하리라 (사 46:11)"

"만군의 여호와께서 맹세하여 가라사대 나의 생각한 것이 반드시 되며 나의 경영한 것이 반드시 이루리라(사 14:24)"

하나님은 뜻을 예정하시지 사람을 예정하시지 않는다. 하나님은 창세 전 에덴동산의 이상을 실현하겠다는 뜻을 가지고 계신다. 이 뜻을 예정하시지 사람인 아담을 예정하시지는 않으신다. 사람을 예정했다가 그가 타락하게 되면 하나님의 천지 창조 목적은 영원히 실패로 끝나기 때문이다.

유구한 역사 속에 많은 인물을 세우셨고 선지자, 예언자 심지어 독생자 예수님까지 보내 주셨다. 그들을 통해서 가정을 중심 삼고, 민족을 중심 삼고, 국가를 중심 삼고, 이제는 세계를 중심 삼고 잃어버린 에덴동산의 이상을 창건하시고자 섭리하여 오셨다.

에덴동산은 찾아가는 것이 아니라, 죽어서 가는 곳이 아니라, 우리가 아니, 내가 창건해야 하는 곳이다.

어디에 에덴동산을 창건하나?

죽어서 천국에 가서 창건하는 것이 아니라 우리가 사는 바로 이 땅에 내가 에덴을 창건하는 역군이 되어야 한다. 하나님이 사람을 창조하실 때 창조성을 부여하여 주신 것은 사람으로 이루게 하시려고 함이며, 사랑의 목적이 여기에 있으신 것이다.

밭에 곡식이 잘 익었을 때 농부가 알곡을 곳간에 넣은 것처럼, 지상에서 천국 생활을 해야 죽어서도 천국에 들어갈 수 있다. 밭에서 영글지 않은 쭉정이가 창고에 들어갈 수 없는 것과 같은 이치다.

하나님이 사람을 지으신 목적을 모르는 타락한 인간들은
사람이 왜 태어났나,
왜 살아가야 하나,
어떻게 살아가야 하나 헤맨다.

역사 이래로 수많은 종교인과 철학자가 다녀갔고, 그들은 많은 경전과 문헌을 남겨 놓았으나, 우리에게 명쾌한 답을 주지 못했다.

나를 보내신 이가 누구인가?
무슨 목적으로 나를 이 땅에 보내셨나?
어떻게 하여 주시길 바라심인가?

보내신 이의 뜻을 깨달아 이루어 드림이 나의 인생의 목적이겠건

타락이란?

만 이것을 모르는 자가 찾지도 않고, 알려고 하지도 않은 것이 가장 큰 죄악이다.

"의인은 없나니 하나도 없으며 깨닫는 자도 없고 하나님을 찾은 자도 없고 다 치우쳐 한가지로 무익하게 되고 선을 행하는 자도 없으니 하나도 없도다(롬 3:10-12)"

내가 이 땅에 태어난 목적이 무엇이냐?

첫째, 나를 이 땅에 보내신 하나님을 알아야 하고
둘째, 나를 이 땅에 보내신 하나님의 뜻을 깨달아야 하고
셋째, 하나님의 뜻을 이루어 드려야 할 순종하는 사명을 다해야 한다.

나뿐만 아니라 우리 모두 하나님의 뜻을 이룬다는 동일한 사명을 갖고 이 땅에 태어났다.

하나님의 뜻이란 무엇인가?
너 창조주가 되라고 태어났고,
창조주가 되도록 노력해야 하고,
창조주가 되어야 한다.
천지 창조를 네가 했다.

사람이 어떻게 거룩한 하나님이 될 수 있는가?

"하나님이 가라사대 우리의 형상을 따라 우리 모양대로 우리가 사람을 만들고(창 1:26)"

하나님의 형상대로 지음 받은 사람은 하나님의 외형만을 닮은 것이 아니라, 하나님의 생기를 받아 생령이 되었고, 하나님의 본능과 본성 속성까지도 닮았다.

인간이 타락하여 죄인이 되기는 했지만, 하나님의 원초적 본성은 우리 인간의 심령 속에 존재한다.

하나님은 사람을 성전으로 지으셨다.
사람의 성전 주인이 누구인가?

사람이 황금으로 호화롭고 웅장하게 황궁을 잘 지었어도 하나님은 왕림하시지 않윈다. 하나님은 사람이 지은 집에는 왕림하시지 않으신다. 하나님은 자신이 지으신 집 사람의 성전에만 왕림하신다.

사람의 성전 속에는 타락으로 인해 사탄이 잠적해 있다.
사람의 성전은 사탄이 주인이 될 수 없다.
성전의 주인은 오직 하나님뿐이다.
사람의 성전 속에 사탄을 쫓아내고,
하나님이 왕림하시면 사람이 하나님 되심이다.

사탄을 성전 속에서 어떻게 쫓아내나?

타락이란?

아담부터 아브라함까지 2천 년은 죄인으로 하나님 앞에 나가지 못하고 제물로서 하나님께 나아갔다. 아브라함, 모세, 예수까지 2천 년간은 모세의 율법 행위로 구원받는 구약 시대로 하나님 앞으로 나아가는 시대였고, 예수님으로부터 현세까지 2천 년 간은 예수님의 믿음과 복음으로 구원받아 하나님 앞으로 나아가는 신약 시대다.

하나님의 섭리는 2천 년마다 큰 변화를 가져왔다. 시대의 흐름에 따라 인간의 심령과 지능이 향상되기 때문에 아담부터 현세까지 6천 년 간은 하나님의 간접 주관권 시대였다.

타락한 인간은 중보를 세워서 하나님 앞으로 나가야 했다. 제물로서, 율법으로서, 믿음으로서.

그러나 21세기부터는 하나님의 직접 주관권 시대이다. 중보가 필요 없이 직접 하나님께 기도를 드리는 시대다.

지금까지는 예수님께 기도드렸고, "예수님의 이름으로 기도드리옵나이다, 아멘." 했으나 21세기부터는 내가 직접 하나님께 기도드리는 시대이기에 "이 모든 말씀을 하나님께 기도드리고 아뢰옵나이다, 아멘." 하면 된다. 그러면 반드시 하나님께서 응답이 올 것이다.

의심하지 말고 용기를 내서 실행하기를 바랄 뿐이다. 제일 먼저 나의 원죄를 사하여 주십사 간곡하게 기도드리라. 반드시 응답해 주실 것이다.

실행하고 말고는 본인의 판단으로 결정할 사항이지 어떤 성인도 하나님도 일방적으로 강압하거나 강요하시지는 못한다.

"하나님이 세상을 이처럼 사랑하사 독생자를 주셨으니 누구든지 저를 믿는 자마다 멸망치 않고 영생을 얻게 하려 하심이니라(요 3:16)"

안 믿으면 사망한다는 뜻인데, 믿고 안 믿음이 자기의 판단이지 하나님도 예수님도 강권으로 믿게 하지 못하신다, 왜? 인간에게 창조성을 부여하셨기 때문이다.

이 시대에 태어났음이 얼마나 행운인가?
내가 한국으로 태어나고 싶어서 태어난 것도 아니다.
이 땅에 오고 싶어서 온 것도 아니요,
이 세상을 떠날 때 가고 싶어서 가는 것도 아니다.

인생을 살아가는 데 나의 의지, 생각, 노력, 판단으로 이겨 내야 하는 것이 나의 숙명이지만, 중요한 인생 문제는 나와 나의 요구와 관계없이 진행되는 운명일 뿐이다.

타락이란?

제4절. 천사가 하와를 꼬인 이유

하나님께서 천지를 창조하시려는 계획과 목적을 가장 잘 아는 영(靈)이 바로 천사장 루시엘이다.

하나님께서 천지를 창조하시기 시작하셨을 때부터 완료하실 때까지 그 모든 계획을 면밀히 잘 알고 있던 천사장 루시엘은 하나님과 같은 영적 존재로서 하나님이 몹시 부러웠을 것이다.

영으로서는 육체의 소중함을 너무나 잘 알고 하나님도 육체의 필요성 때문에 사람을 지으신 것이다. 성장하여 성인이 되면 아담과 하와의 성전 속에 하나님께서 거(居)하실 것을 생각해 볼 때, 천사장 루시엘은 하나님이 몹시 부러웠을 것이다.

자신의 처지를 한탄도 해 보았을 것이다. 하지만 대안이 없다. 천사장 루시엘은 하나님과 같이 되어 보고 싶어서 어떻게 하면 하나님처럼 육체를 소유할 수 있을까 많이 고심했으리라.

하나님은 무형의 영적 존재로 계심을 원치 않고, 유형의 영육으로 계심을 소망하셨기에 육신의 사람을 창조하셨다. 영적으로는 육적인 오감을 느낄 수 없으시기에 무형의 영보다 유형의 육을 소망하시어 아담과 하와를 창조하셨는데, 저들이 잘 성장하여 완성되면 하나님은 아담과 하와의 성전에 거하

시게 될 것임을 잘 알고 있는 천사장 루시엘은 영적 존재로는
육신을 소유함이 가장 소망스러운 일이기에 생각다 못해 하
나님을 배신하고 미완성기에 처해 있는 하와를 유혹하여 선
악과를 따먹게 했다.

하와의 성전에 사탄 루시엘이 먼저 잠입하게 된 것이다.

*"큰 용이 내어 쫓기니 옛 뱀 곧 마귀라고도 하고 사단이라고도 하
는 온 천하를 꾀는 자라(계 12:9)."*

사람이 완성되면 사람의 성전에 하나님께서 왕림하셔야 할 곳에
사탄이 먼저 들어가 잠입했다.

제3장. 성전(聖殿)

하나님은 사람을 성전으로 지으셨다.

성전이란 무엇인가?
하나님이 거(居)하실 수 있는 집과 같은 것이다.

창세 전 주어진 환경이 기쁘시고, 행복하시고, 즐거우셨다면 하나님께서 천지를 왜 창조하셨겠는가? 영적 존재로 계시던 하나님께서는 즐거워하실 수 있는 대상물이 없으셨고, 오히려 외로우시고 쓸쓸하시며 고독함을 느끼셨으리라.

하여 그로부터 탈피하고자 영으로 계신 하나님께서 실체의 육신을 소유하시고 싶으신 심정에서 사람을 창조하려는 목적을 가지셨던 것이다.

하나님은 천지 창조를 말씀으로 하셨지만, 사람은 하나님이 흙으로 지으시되 하나님의 형상대로 지으시고 직접 생기를 불어넣으셨다 했다. 생기가 생령이 되었기에 사람은 육과 영으로 구성되어 있다.

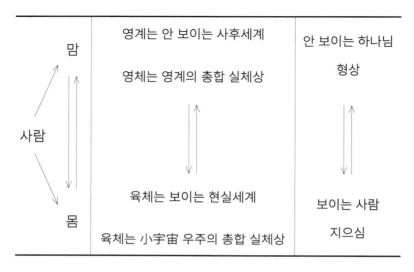

사람은 몸과 맘 두 개의 구조로 되어 있으나 사람은 둘이 아니고 하나다.

사람은 보이는 것은 인정하고 중요시 여기지만 안 보이는 것에는 관심을 안 갖고 부정도 한다.

보이는 것보다는 안 보이는 것이 더 중요하다.

보이는 몸(肉體)에는 생명이 없고 죽으면 흙으로 돌아가지만

안 보이는 맘(靈體)에는 생명이 있어 영원한 세계에서 영생한다.

맘과 같은 사후세계와 몸과 같은 현실 세계도 두 개의 세계가 아니고 하나의 세계다.

성전

영체는 영계의 축소된 총합 실체상이고

육체는 소우주 우주의 총합 실체상이다.

사람은 현세와 내세 두 세계를 총합한 실체상으로 천주적(天宙的) 존재이다.

외적으로는 안 보이는 하나님의 형상대로 사람의 육신을 지으셨고, 내적으로는 하나님의 원초적 본성과 본능을 이어받아 사람의 마음이 형성되었다. 사람은 온전히 외적으로는 하나님의 형상을, 내적으로는 하나님의 본성과 본능을 닮은 존재로 지어졌다.

이로써 안 보이는 하나님을 온전히 보이시게 지어 놓으심이 사람인 것이다. 고로 하나님과 사람은 각기 다른 개체가 아니고 일체의 존재로 창조되었다. 신인일체(神人一體)

"나와 아버지는 하나이니라 하신대(요 10:30)"

콩 심은 데 콩 나고, 팥 심은 데 팥 난다. 호랑이는 호랑이 새끼를 낳듯이 하나님이 지으신 사람은 모두 하나님을 닮도록 지음 받았다. 작품은 제2의 나다. 하나님께서 사람을 지으심은 사람은 제2의 하나님이시다.

하나님을 닮은 사람으로 하나님과 같이 거룩되이 성장하기를 소망하셨지, 어찌 괴물과 같은 악독한 존재가 되기를 바라셨겠는가?

하나님은 사람을 성전으로 지으셨는데, 성전은 오직 하나님만이 거하실 수 있는 집이다. 사람으로 태어난 어떤 의인도 거룩한 성인도 성전의 주인이 될 수 없다. 우리의 성전 속에는 아담과 하와의 타락으로 인해 마귀 사탄이 먼저 들어와 버리고 말았다.

사탄은 성전의 주인이 아니다. 우리의 신앙 생활의 궁극적인 목적은 사람의 심령(성전) 속에 들어 있는 마귀 사탄을 내쫓는 것이다.

오늘날까지 우리는 신앙 생활 속에서 많은 기도나 명상, 염불을 드렸다.

"나의 소원을 들어주십시오, 주님."
"가족의 평안과 자녀들의 진로를 평탄하게 하여 주십시오."
"한반도에 통일이 찾아오고, 세계에 평화가 도래하게 하여 주십시오."

기타 등등 많은 요구를 해 왔다. 이러한 종류의 기복 신앙으로 예수님께 간구하는 것보다는 나의 심령(성령) 속에 사탄을 쫓아내는 것이 우선이다.

현세는 주님께 대신 기도드리는 것보다 하나님께 직접 기도를 드려야 하는 시대이다. 하나님께 나의 원죄를 청산하여 달라고 간절한 기도를 드려, 하나님으로부터 원죄 사함을 받으면 우리의 심령(성전) 속에 사탄은 떠나가고 하나님이 왕림하신다. 우리의 심령이 깨끗한 집으로 변하면 사탄이 떠나가고 하나님이 왕림하신다.

사람의 육체와 심령이 일체를 이룸과 동시에
사람의 심령과 하나님의 성령이 일체가 되면
사람의 육체와 하나님의 성령이 일체됨으로써
사람의 육체와 심령과 하나님의 성령이 삼위일체를 이루게 된다.
그때 하나님께서는 육신을 소유하시는 분이 되시는 것이다.
하나님 사람 되시다.

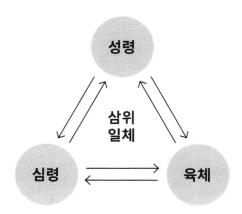

"우주는 육체의 집이요, 육체는 심령의 집이요, 심령은 하나님의 성전인 것과 하나님의 성령이 너희 안에 거하시는 것을 알지 못하느냐?" 하셨다.

하나님께서 육신을 소유하심으로써 육체의 오감을 느끼시게 된다. 육체와 오감을 느끼시며 기쁨과 즐거움을 느끼시기 위해서 천지를 창조하고 사람을 지으신 목적인 것이다.

하나님의 성령이 사람의 성전에 왕림하심으로 말미암아 사람은 "하늘 아버지의 온전하심 같이 너희도 온전하라." 하심같이 온전자가 되었을 때 사람 하나님을 닮게 되는 것이다.

다시 말해서 사람 하나님 되시다. 하나님이 사람을 지으심은 하나님 자신을 지으심이다. 하나님의 뜻의 세계가 완성되는 것이다. 하나님께서 창세 전에 구상하셨던 에덴동산의 소망, 이상, 뜻이 성취된 것이요, 하나님의 창조 목적이 6천 년 만에 완성되는 것이다.

인류 역사는 미완성 시대가 아니요 이제는 완성의 시대요 사람도 미완성 사람이 아니라 완성한 사람이 살아가는 시대다.

하나님 억(億)만세요, 승리하신 하나님 되심이다. 그날이 속히 도래하기를 기도하며 천국 창건의 역군들이 우리 모두가 되기를 간절히 기원할 뿐이다.

성전

제1절. 생기(生氣)란

하나님이 사람을 지으시고 그의 코에 생기를 불어넣으셨다고 했다.

생기란, 하나님이 영존하시는 생명력이다. 사람이 가진 생명의 본질은 하나님의 생기다. 그렇기에 사람의 생명은 하나님과 불가분의 관계로 맺어진 일체의 상태인 것이다.

하나님의 생기(생명)를 받은 사람은 무한히 영생할 수 있는 가치를 가지게 된 산 자(生者)이지만, 하나님이 생기를 거두어 가실 때는 사람은 다시 죽은 자(死者)가 되어 흙으로 돌아가는 헛된 존재임을 알아야 한다.

생기는 인위적으로 생산하지 못하고 대기중에 산소같이 많으나 인위적으로 호흡하지 못하고 오직 하나님께서 주셔야만이 호흡할 수 있다.

제2절. 생령(生靈)이란

하나님이 사람을 지으시고 그의 코에 생기를 불어넣으니 생령이 되었다 했다.

생령은 우리 마음속에 심령(心靈)이요, 심령은 곧 하나님의 성전인 것이다. 성전은 하나님께서 거하실 집이다. 우리의 심령 속에는 하나님만이 거하실 수 있다.

성경에는 다음과 같은 기록이 있다.

"너희가 하나님의 성전인 것과 하나님의 성령이 너희 안에 거하시는 것을 알지 못하느뇨(고전 3:16)"

"누구든지 하나님의 성전을 더럽히면 하나님이 그 사람을 멸하시리라 하나님의 성전은 거룩하니 너희도 그러하니라(고전 3:17)"

제3절. 영생(永生)

태초에 에덴동산에서 하나님으로부터 흙으로 지음 받은 아담의 육체와 부모님으로부터 태어난 우리의 육체와는 다르다. 태초에 하나님으로부터 지음 받은 아담은 원죄가 없이 성장했으나, 우리는 탄생하는 그 순간부터 원죄를 지닌 죄인으로 태어났다.

에덴동산의 생명나무가 불멸의 영생에 이르는 수단으로 묘사되었다는 것은 아담이 바로 불멸의 영생체로 지음 받았음을 증거하는 것이다. 고로 아담이 타락하지 않았다면 불멸의 영생체로 생존하였겠으나, 타락으로 930세에 죽음이 아니라 '따먹으면 죽으리라.' 하심 같이 아담이 선악과를 따먹은 순간 이미 죽은 것이다.

사람은 몸과 마음의 두 구조로 되어 있다. 마음은 주체이고 몸은 대상이다.

하나님은 우주를 창조하실 때 결과를 보시고 보시기에 심히 좋았더라 했다. 하나님은 주체이시고 지음 받은 만물은 대상이다.

주체는 대상을 보고 기쁨을 느낀다. 남자는 주체요, 여자는 대상이다. 남자는 여자를 사랑하고, 대상인 여자는 아름다운 미를 주체에게 보여 주는 것이다.

주체와 대상이 사랑할 때 그 놀라운 힘은 생명을 생산한다. 사랑이 있는 곳에 생명이 있는 것이다.

생명은 어디에서 오는가?

하나님으로부터 물려받은 하나님의 속성인 것이다. 하나님의 원초적 속성을 전수받았기에 자동으로 사람에게 영생이 존립하는 것이다.

하나님의 사랑은 수직선이다. 수직선은 모든 측정의 기원이다. 사람은 수직으로 서서 다닌다. 동물과 다른 점이 바로 직립보행을 한다는 것이다.

사람만이 하나님의 사랑을 이어받을 수 있는 속성을 가지고 있다. 그렇기에 사람만이 하나님의 영생이라는 속성을 지니고 있는 것이다.

성서에는 영생에 대한 구절이 많이 있다.

"하나님이 세상을 이처럼 사랑하사 독생자를 주셨으니 이는 저들 믿는 자마다 멸망치 않고 영생을 얻게 하심이니라(요 3:16)"

하나님께서 임하시던 성전에 사람이 죽으면 하나님도 그곳을 떠나셔야 한다. 만약 사람을 본인이 머물 성전으로 지으신 게 맞다면 영원하시고 영존하신 하나님이 이렇게 단명스럽게 임재하도록 지으셨겠는가? 하나님은 불멸의 영존하심을 본받아 지음 받은 사람이기에 사람 또한 하나님의 영존하심과 같이 영원하리라.

"욕심이 잉태한즉 죄를 낳고 죄가 장성한즉 사망을 낳느니라(약 1:15)."

사람은 마땅히 죽는 것으로 인식되어 있기에 영생을 무시하니 죽을 수밖에 없다.

2016년 노벨생리의학상을 수상한 일본의 오스미 요시노리(大隅良典) 도쿄공업대 교수는 인체의 세포 속에서 펼쳐지는 춤의 세계에서 격렬하게 춤추는 알갱이들의 우연적 현상이 인체 내에서 벌어지는 생존 건강의 필수 법칙이라는 것을 알아냈다.

"인류의 영생 유전자까지 발견한 결과로 영생 유전자를 찾아낸 일본 오스미 연구자에게 노벨과학상을 수여했다(한국 중앙일보 2016년 10월 7일 자 기사)."

인간이 단명하고 죽을 수밖에 없는 인체라면 6천 년이 지난 현재까지 어찌 우리 인간의 인체 내에 영생 유전자가 맹렬히 활동하며 유전되어 왔겠는가?

에덴동산에서 생명나무 실과도 따먹고 영생할까 봐 그들을 동산에서 쫓아내셨다. 화염과 그룹들로써 막았다.

고로 에덴동산에서 쫓겨난 후손들은 영생할 수 없으나, 죄의 두루마기를 빠는 자들은 생명나무 앞으로 나아갈 권세가 있다고 하셨으니, 우리가 드리는 기도를 들으시고 하나님께서 원죄를 사하여 주시면 생명나무 앞으로 나아갈 수 있으며, 생명나무 실과도 따먹고 영생할 수가 있다.

우리 인간은 영생할 수 있는 체질로 지음 받았으나 타락으로 죽음을 맞게 되었으니, 타락으로부터 원상 구원받으면 다시 영생체로 본받아 성전을 이루어 생기를 마시면 죽음에서 벗어나 창조본연의 아담같이 영존하신 하나님은 아담을 불멸의 생명체로 지으셨기에 타락으로부터 원상 구원받으면 하나님 불멸의 영존하심을 본받아 사람이 완성체가 된다.

완성체가 되면 육신을 쓰고 영원한 삶이 아니라 현실 세계에서 한 세상 살다가 미래 세계로 가서 하나님의 사랑 권내 세계에서 지내다가 다시 윤회하여 현세에 와서 "삶" 즉, 현세와 내세 두 세계를 오가며 영원한 삶을 의미함이다. 이것이 대자연의 이치요 순리다.

제4장. 하나님의 섭리역사(攝理歷史)

제1절. 하나님의 섭리란

창세 전, 에덴동산을 이루시고자 구상하셨던 이상을 실현하려는 역사를 말한다.

하나님은 에덴동산에서 아담과 하와가 타락으로 쫓겨남으로 인해 폐허가 되어 버린 에덴동산을 버려두실 수 없는 고로, 에덴동산을 다시금 창건하고자 하심이 섭리 목적인 것이다. 하나님은 바로 못 다 이룬 창조 목적을 이루시기 위하여 섭리하여 오셨다.

① 아담 가정 섭리 역사
② 노아 가정 섭리 역사
③ 아브라함 가정 섭리 역사
④ 모세 노정 섭리 역사
⑤ 예수님의 강림 섭리 역사

6천 년 간 섭리 역사하여 오셨다.

인류의 역사는 동양사와 서양사로 나뉘어 있으나, 하나님의 섭리 역사에 대해서는 알지 못하고 있다. 인류 역사 중 피로 얼룩진 전쟁사는 승리자에 의해 발전해 왔다. 전쟁은 평화를 위한 목적으로 시작했으나, 그 평화는 오지 않고 전쟁사로 점철되어 왔다.

역사 발단의 원인을 모르기에 과정도 결과도 모르는 채 최첨단의 전략 무기에 의존하고, 소기의 목적을 달성해 보려고 하지만 인간의 두뇌로 처리하기에는 역부족임을 자인하지 않을 수 없다.

하나님이 계심을 믿느냐.
하나님이 섭리하심을 믿느냐.
하나님은 소망하시는 이상 세계를 기필코 실현하실 것이다.

제2절. 아담 가정 섭리

에덴동산에서 쫓겨난 아담과 하와는 잉태하여 첫째 아들 가인을 낳았고, 둘째로 아벨을 낳았으나 모두 원죄를 갖고 태어난 죄인의 자식들이었다. 가인과 아벨이 하나님께 제물을 드렸는데 하나님이 아벨의 제물은 열납하시고 가인의 제물은 열납하지 않으시어 시기와 질투에 복받친 가인은 동생 아벨을 쳐서 죽이는 끔찍한 살인을 저지른다.

이렇듯 마귀 사탄이 정체를 드러낸 것이다. 이 광경을 보신 하나님은 6천 년의 세월이 흘러가야만 소망하셨던 에덴의 꿈이 실현되겠구나 예단하셨으리라 생각한다.

아담과 하와가 악의 가정으로 출발하여 시대의 흐름에 따라 악의 가정, 악의 민족, 악의 국가, 악의 세계로 인류 역사는 피의 역사요, 전쟁사로 점철되어 왔다.

하나님은 에덴동산의 소망을 결코 포기하지 않으실 것이다. 하나님은 에덴동산에 대한 소망을 실현하시려고 선지자, 예언가, 메시아까지 이 땅에 보내시며 죄악에 빠진 인류를 구원하시기 위해 섭리해 오셨다. 이는 기필코 에덴동산의 소망을 실현하기 위함이다.

"만군의 여호와께서 맹세하여 가라사대 나의 생각한 것이 반드시 되며 나의 경영한 것이 반드시 이루리라(사 14:24)"

아담 가정에서 소망을 이루지 못하신 하나님은 소망을 실현하시기 위하여 노아를 세우신다.

제3절. 노아 가정 섭리

노아는 아담으로부터 10대(代)를 거쳐 1,600년 만에 태어났다.

"라멕은 일백팔십이 세에 아들 노아를 낳고(창 5:28)"

"노아가 오백세 된 후에 셈과 함과 야벳을 낳았더라(창 5:32)"

"여호와께서 사람의 죄악이 세상에 관영함과 그 마음의 생각의 모든 계획이 항상 악할 뿐임을 보시고 / 땅 위에 사람 지으셨음을 한탄하사 마음에 근심하시고 / 가라사대 나의 창조한 사람을 내가 지면에서 쓸어 버리되 사람으로부터 육축과 기는 것과 공중의 새까지 그리하리니 이는 내가 그것을 지었음을 한탄함이니라 하시니라(창 6:5-7)"

"하나님이 보신즉 땅이 패괴하였으니 이는 땅에서 모든 혈육 있는 자의 행위가 패괴함이었더라 / 하나님이 노아에게 이르시되 모든 혈육 있는 자의 강포가 땅에 가득하므로 그 끝날이 내 앞에 이르렀으니 내가 그들을 땅과 함께 멸하리라 / 너는 잣나무로 너를 위하여 방주(方舟)를 짓되 그 안에 간들을 막고 역청(瀝靑)으로 그 안팎에 칠하라 / 그 방주의 제도는 이러하니 장(長, 길이)이 삼백 규빗(135m) 광(廣, 넓이)이 오십 규빗(23m) 고(高, 높이)가 삼십 규빗(14m)이며 거기 창을 내되 위에서부터 한 규빗에 내고 그 문은 옆으로 내고 상중하 삼 층으로 할지니라(창 6:12-16)"

지금으로부터 4,400여 년 전에 노아가 방주를 건조하였다는 사실을 생각해 볼 때, 당시 장비도 없이 그 규모로도 대단한 것이며 현대 조선학적 관점으로 보아도 방주의 구조와 균형이 맞으며 현대

하나님의 섭리 역사

조선학 발전에 기초가 되었으리라 생각한다.

에덴동산의 소망이 수포로 돌아가자 하나님은 아담으로부터 1,600년 만에 노아를 선택하셨다. 음탕하고 죄악을 저지르는 저들을 묵과하실 수 없으셔서 노아에게 방주를 지으라고 언약하셨다.

노아는 목재를 선정하여 준비하기까지 70년, 건조 기간 50년 총 120년에 걸쳐 방주를 완성했다. 하나님이 언약하신 대로 40일간 주야로 장마가 왔고 지상의 모든 생물은 수장되어 버렸다.

방주는 신천주(新天宙)의 사명으로 아담 가정 여덟 식구와 동일하게 노아 가정 여덟 식구를 중심으로 삼고 잃어버렸던 에덴의 소망을 실현하시려 섭리해 오신 것이다.

노아는 하나님이 자기에게 명하신 대로 다 준행하였다. 물이 땅에서 물러가고 방주가 아라랏산에 자리하자, 방주에서 모든 동물을 내보내고 하나님은 노아와 그 아들에게 복을 주며 그들에게 이르시되, "생육하고 번식하여 땅에 충만하라." 아담과 동일한 축복을 해 주셨다.

"노아가 농업을 시작하여 포도나무를 심었더니 / 포도주를 마시고 취하여 그 장막 안에서 벌거벗은지라 / 가나안의 아비 함이 그 아비의 하체를 보고 밖으로 나가서 두 형제에게 고하매 / 셈과 야벳이 옷을 취하여 자기들의 어깨에 메고 뒷걸음쳐 아비 하체를

덮었으며 그들이 얼굴을 돌이키고 그 아비의 하체를 보지 아니하였더라 / 노아가 술이 깨어 그 작은아들이 자기에게 행한 일을 알고 / 이에 가로되 가나안은 저주를 받아 그 형제의 종들의 종이 되기를 원하노라 / 또 가로되 셈의 하나님 여호와를 찬송하리로다 가나안은 셈의 종이 되고 / 하나님이 야벳을 창대케하사 셈의 장막에 거하게 하시고 가나안은 그의 종이 되게 하시기를 원하노라 하였더라 / 홍수 후에 노아가 삼백오십 년을 지내었고 / 향년 구백오십 세에 죽었더라(창 9:20-29)"

하나님은 에덴동산에 아담과 하와를 지으시어 하나님의 이상을 실현하시려 하였으나, 아담과 하와의 타락으로 뜻대로 되지 않았다. 그리하여 노아를 통하여 물의 심판을 거행하시고 제2의 에덴동산을 소망하셨으나, 함의 실수로 이 또한 수포로 돌아가고 말았다.

노아가 포도주를 마시고 장막 안에 벌거벗은 모습을 본 함은 옷가지를 가지고 아버지의 벌거벗은 하체를 조용히 덮어 주고 나왔으면 되었을 일을 그냥 나와서 형 셈과 동생 야벳에게 아비의 모습을 소동 피우며 일깨웠다.

이 사실을 안 셈과 야벳이 옷을 취하여 아비의 하체를 덮었다 했는데 그때 함은 왜 동행하지 않았을까. 조용히 형과 동생에게 일깨워 주면서 같이 들어갔어야 당연한 일을, 동행하지 않은 것으로 미루어 보아 자신의 언사와 행함이 온당치 않았다는 것을 스스로 알았다고 생각한다.

잠에서 깨어난 노아는 이 사실을 알고 함에게 너의 후손이 종의 종이 될 것이라고 저주하며 진노했다. 마치 에덴동산에서 선악과를 따먹은 아담과 하와가 두렵고 부끄러워 하체를 무화과 나뭇잎으로 가린 것과 유사한 사건이다.

하나님이 아담에게 누가 너의 벗었음을 네게 고하였느냐. 벌거벗고 있었어도 부끄러움을 모르던 아담. 하와가 뱀의 꼬임을 당한 것을 부끄러워함이 타락의 결과 같이, 함이 아비의 하체를 보고 행한 행위가 온당치 못해 저주했다. 함이 아비의 하체를 보고 부끄러워한 행위가 사탄의 참소 조건이 되어 노아가 함에게 너의 후손이 종의 종이 될 것이라고 진노한 것이다. *"자기의 부끄러움을 보이지 아니하는 자는 복이 있도다(계 16:15)"*

대수롭지 않게 생각하는 사건이 하나님이나 노아에게는 그렇게도 무섭게 진노할 일인가 의아스럽기도 하다. 그러나 하나님의 무한한 초월적 영역의 섭리 노정을 유한성을 지닌 인간의 두뇌로 관측하고 판단하고자 함이 잘못된 발상이다.

노아는 하나님 대신 사명자로서 물의 심판을 완수한 자로, 에덴동산 신천지를 이룩하신 의인이다. 함이 벌거벗은 아버지의 하체를 보았을 때 조용히 옷으로 덮어 드렸으면 되었을 상황을 밖으로 나가서 형제들에게 흉을 보며 소란을 피웠으리라.

하나님 대신 온 사명자이신 아버지의 전능과 존엄성을 상실한 경거망동한 행동이 사탄의 참소 조건이 되었던 것이다.

제4절. 바벨탑 사건

시간이 지나 노아의 아들 셈, 함, 야벳의 후손들이 많이 번창하였다. 바벨탑은 리므롯이 중심이 되어 그의 명령과 지휘대로 건립된 것이 분명하다.

바벨탑을 쌓은 목적은 하나님의 영광을 위함이 아니다. 자기들의 이름을 높이려는 교만의 발로이며, 자기들끼리 언어가 하나요 말이 하나이기에 서로 흐트러짐이 없이 살기를 바랐기에 경영하는 일을 금지하기 위하여 언어의 혼잡으로 서로 간에 알아듣지 못하게 하여 탑 쌓기를 중단하고 각기 언어가 통하는 자들끼리 흩어져 가니 결과적으로 인구가 세계적으로 분포되어 살게 된 계기가 되었다.

아담으로부터 1,600년 만에 당대의 의인 노아를 택하시어 에덴동산의 소망을 다시 찾아 이루시기 위하여 노아를 통해 새로운 우주를 창조하시고 섭리해 보려고 하셨으나, 가나안의 저주로 하나님이 노아 가정을 통해 이루시려던 에덴동산의 소망은 실패로 돌아 갔다.

지으실 때마다 보시기에 좋았더라 하시며 기뻐하시던 하나님, 오 죽하시면 지으신 모든 피조물을 수장하려 하셨지만, 물의 심판도 수포로 돌아가 지으심을 한탄하시며 다시는 이러하지 않으리라 탄 식하며 하나님은 다시 섭리 역사를 시작하셔야 했다.

제5절. 아브라함 가정 섭리

노아의 장남 셈으로부터 10대(代), 400년 만에 하나님은 아브람을 선택하셨다.

아브람은 우상 장사 데라의 아들이며 수매로의 도시인 우록에서 탄생했다. 우록은 당시 상업이 발달한 도시였다. 테라의 우상 장사 를 통해서 아브람은 유복한 환경 속에서 성장하다가 사래와 결혼 했다.

사래는 미모가 아름다운 여성으로 행복한 삶을 영위해 왔다. 아브 람은 지금으로부터 약 4000년 전에 살고 있었는데, 그때도 지금처 럼 마찬가지로 여자는 혼전순결을 지켜야 하고 결혼 후에는 자녀 를 생산해야 했다. 그러나 사래는 안타깝게도 불임이었기에 자녀를 낳지 못하여 아브람 가정에 불행이 찾아왔다.

아브람의 나이 70세, 아버지 데라가 돌아가셨다. 아브람은 아버지가 돌아가시자 인생의 허무함을 느끼며 산천을 많이 거닐었고, 남달리 심오한 인생 문제로 많이 골몰했으리라. 그런 고통과 고민의 바탕이 없었다면 하나님은 찾아오시지 않았을 것이다.

그렇게 세월을 보내던 어느 날, 아브람은 하나님의 음성을 듣게 된다.

"여호와께서 아브람에게 이르시되 너는 너의 본토 친척 아비 집을 떠나 내가 네게 지시할 땅으로 가라 / 내가 너로 큰 민족을 이루고 네게 복을 주어 네 이름을 창대케 하리니 너는 복의 근원이 될지라 / 이에 아브람은 여호와의 말씀을 좇아 갔고 하란을 떠날 때 아브람의 나이 칠십오 세였다(창 12:1-4)"

"이 후에 여호와의 말씀이 이상 중에 아브람에게 임하여 가라사대 아브람아 두려워 말라 나는 너의 방패요 너의 지극히 큰 상급이니라(창 15:1) 그를 이끌고 밖으로 나가 가라사대 하늘을 우러러 뭇별을 셀 수 있나 보라 또 그에게 이르시되 자손이 이와 같으리라 / 아브람 여호와를 믿으니 여호와께서 이를 그의 의로 여기시고 / 그에게 이르시되 나는 이 땅을 네게 주어 업을 삼게 하려고 너를 갈대아 우르에서 이끌어낸 여호와로라 / 그가 또 가로되

주 여호와여 내가 이 땅으로 업을 삼을 줄을 무엇으로 알리이까 / 여호와께서 그에게 이르시되 나를 위하여 삼 년 된 암소와 삼 년 된 암염소와 삼 년 된 양과 산비둘기와 집비둘기 새끼를 취할지니라 / 아브람이 그 모든 것을 취하여 그 중간을 쪼개고 그 쪼갠 것을 마주 대하여 놓고 그 새는 쪼개지 아니하였으며 / 솔개가 그 사체 위에 내릴 때에는 아브람이 쫓았더라.

해가 질 무렵 아브람이 깊이 잠든 중에 캄캄함이 임하므로 심히 두려워하더니 / 여호와께서 아브람에게 이르시되 너는 정녕히 알라 네 자손이 이방에서 객이 되어 그들을 섬기겠고 그들은 400 년 동안 네 자손을 괴롭게 하리니(창 15:5-13)"

번제란 무엇인가?

하나님의 진노하심은 비둘기를 쪼개지 않은 연고로 암소와 염소, 숫양은 중간을 쪼개어 마주 대하여 놓고 비둘기는 쪼개지 않은 연고로 솔개가 임하였다. 쪼갠다는 의미는 하늘권이 취할 수 있는 부분과 사탄권이 취할 수 있는 부분으로 분리해 놓고 마주 대하게 하여 하나님과 사탄의 소유로 상호불가침 조건인 것이다.

비둘기를 쪼개지 않았음은 하나님께서 취할 수 없다는 것이다. 우리가 신앙 생활 속에서 성별이나 음식을 먹을 때 기도드림이 같은 맥락인 것이다.

따먹지 말라 하신 하나님의 말씀이 아담과 하와에게는 그저 순종하는 마음으로 평상시에는 지킬 수 있었겠으나 더욱 강력한 마음의 요동이 엄습해 올 때는 거역할 소지가 있는 것이다.

뱀이 꾀지만 않았다면 무난히 성장했으리라. 아담과 하와는 따먹는 자체에 그리 소중함을 못 느꼈겠지만, 하나님의 입장에서는 우주 창조의 목적을 이루느냐, 못 이루느냐는 절대적 갈림길에 처해 있다. 그러니 성장해 가는 아담과 하와의 하루하루의 삶에 얼마나 노심초사하시는 심정으로 보내셨을까 생각해 보라.

아브람의 번제 실수는 에덴동산에서 아담과 하와가 하나님의 말씀을 어기고 선악과를 따먹음으로 말미암아 우주를 창조하신 하나님의 소망이 사라진 것과 같고, 에덴동산이 폐허가 됨과 같다.

노아 홍수 때 방주를 짓게 하심은 노아의 여덟 식구를 살리시려는 목적이 아니라 신천지를 상징함이다. 잃어버린 에덴동산을 다시 찾으시려는 뜻으로 만물과 사람을 모두 수장하시어 깨끗한 에덴동산을 재창건하시려는 크신 우주적 상징으로 방주를 짓도록 하셨다.

보시기에 좋아하셨던 만물을 수장하셨으나 함의 실수로 또한 하나님의 섭리는 수포로 돌아갔다. 아브람이 번제를 실수했기로서니 어찌 네 후손이 이방에 객이 되어 400년이나 고역을 치른다고 진노하셨을까.

우리들의 짧은 생각으로는 하나님이 너무 잔인하다고 말할 수 있겠으나, 아브람이 동물 몇 마리 번제하는 것이 그렇게 간단한 것이 아니다.

아브람의 번제, 삼 년 된 암소와 염소는 지상에서 살고 있는 동물로서 땅을 상징함이요,
삼 년 된 양은 바다를 상징한다. (太平洋 五大洋)
비둘기는 하늘을 날아다니는 날짐승으로, 하늘을 상징한다.

고로 소와 양과 비둘기는 즉, 우주를 상징하는 것이다. 땅과 바다와 하늘을 상징하는 것이다.

아브람의 번제는 동물 몇 마리 놓고 번제를 드렸던 것이 아니라 온 우주를 상징하는 엄청나게 크신 섭리의 뜻이 담겨 있었음을 알아야 한다. 이런 크신 섭리의 뜻이 수포로 돌아가게 되니 진노하시어 너의 후손이 이방에 객이 되어 400년간 고역을 치르게 되리라고 하신 것이다.

돌이켜 보면 에덴동산에서 아담과 하와가 선악과를 따먹었음과 노아에게 방주를 짓게 하심과 아브라함의 번제가 모두 하나님의 창조 목적인 우주 창조와 동일한 사명과 목적을 가진 것이고, 우주 창조의 상징적 섭리를 해 오신 것이다.

나와 우리 모두가 일상생활의 언행이 나 한 사람의 것으로 끝남이 아니라, 아담과 하와 같이, 노아와 같이, 아브라함과 같이 사명자로서 이 땅에 보내졌음을 명심해야 한다. 나와 우리는 하나님의 크신 섭리의 주인공이라는 사명감을 갖고 크신 이상 속에서 다시 태어났다는 신념으로 임해 주기를 바랄 뿐이다.

하나님은 우주적 섭리만을 하심이 아니라
세계를 섭리하시고
국가를 섭리하시고
민족을 섭리하시고
우리의 가정을 섭리하시고
나, 개인을 섭리해오셨지만 우주적 섭리를 상징함이다.

아브람이 하란을 떠나 마므레 상수리 숲이 있는 곳에 온 지도 십여 년이 흘렀다. 하나님의 축복을 받은 것도 잊어지는 듯했다.

하나님의 축복이 이루어지지 않고 자식은 있어야겠고, 답답한 마음에 사래는 아브람에게 자기의 몸종 하갈과 동침하기를 권하니, 그 후에 이스마엘을 낳았다. 아브람의 나이 86세였다.

아브람 시대의 것으로 추정되는 함무라비 경전이나 고고학 자료에 의하면 당시 아내 된 자가 자녀를 낳지 못하면 여종을 남편에게 주어 자식을 얻고, 슬하의 자녀로 키울 수 있도록 허락되어 있었다.

하나님의 섭리 역사

세습에 따른 것이다.

하나님은 이스마엘에게 크신 축복과 후일 번창하리라 말씀하셨다.

아브람의 나이가 99세, 사래의 나이 89세가 되었다. 신이 하란에서 네 자식이 하늘의 별처럼 바닷가 모래처럼 번창하게 주시겠다고 하신 언약이 어언 24년이 지나 기억이 사라져 가는 듯싶었다.

"아브람이 구십구 세 때에 여호와께서 아브람에게 나타나며 그에게 이르시되 나는 전능한 하나님이라 너는 내 앞에서 행하여 완전하라 / 내가 내 언약을 나와 너 사이에 세워 너를 심히 번성케 하리라 하시니 / 내가 너와 내 언약을 세우니 너는 열국의 아버지가 될지라 / 이제 후로는 네 이름을 아브람이라 하지 아니하고 아브라함이라 하리니 이는 내가 너로 열국의 아비가 되게 함이니라(창 17:1-5) 하나님은 또 아브라함에게 이르시되 네 아내 이름을 사래라 하지 말고 그 이름을 사라라 하라 / 내가 그에게 복을 주어 열국의 어미가 되게 하리니 민족의 열왕이 그에게서 낳으리라 / 아브라함이 엎드리어 웃으며 심중에 이르되 백 세 된 사람이 어찌 생산하리요 하고(창 17:15-17) / 하나님이 가라사대 아니라 네 아내 사라가 정녕 네게 아들을 낳으리니 너는 그 이름을 이삭이라 하라. 내가 그와 내 언약을 세우리니 그의 후손에게 영원한 언약이 되리라(창 17:19) / 하나님이 아브라함과 말씀을 마치시고 그를 떠나 올라가셨더라(창 17:22)

/ 하루는 장막을 걷고 밖을 보니 나그네 삼 인이 걸어온다(창 18:2)"

장막 밖으로 나가서 아브라함이 엎드려 아뢰되 내 주여, 주께 은혜를 입었사오니 원컨대 지나치지 마옵소서. 물을 떠다 발을 씻고 송아지를 잡아 맛있는 음식으로 대접을 했다.

손님은 아브라함에게 부인이 잉태할 터이니 내년 이맘때 다시 오겠다고 하며 아들을 낳으리니 이름을 이삭이라고 하라 명하신다. 아브라함은 그들이 평범한 인간으로 보이지 않고 언젠가 들었던 음성, 하나님과 같은 느낌이 왔다.

부인 사라는 지나가는 말로 대수롭지 않게 생각했다. '평생을 불임으로 젊어서도 자녀를 생산하지 못한 내가 나이 90이 다 되어 무슨 임신을 한단 말인가?' 하며 손님들의 말을 귀 담아 들으려 하지 않았다.

그런데, 사라가 참으로 임신이 되어 아들을 낳자 이름을 이삭이라고 했는데, 일 년 후 다시 온다던 삼 인의 손님이 다시 찾아왔다. 반가움에 접대를 잘해 드렸고 그분이 하나님이심을 알게 되었다.

아브라함과 사라는 이삭을 귀엽게 키우는데 형으로 먼저 태어난 이스마엘이 이삭을 괴롭힌다. 이런 광경을 목격한 사라는 아브라함에게 간청하여 하갈과 이스마엘을 집에서 내보내기를 원하니 아

하나님의 섭리 역사

브라함은 괴로운 마음으로 내보냈다. 쫓겨난 모자는 사막에서 험난한 고생을 해야 했다.

이삭이 점차 성장하여 성년기에 이를 무렵, 하나님은 아브라함에게 청천벽력과도 같은 엄명을 내리셨다. 이삭을 번제로 바치라는 것이었다. 하늘의 별과 같이, 바닷가의 모래 같이 너의 후손이 번창하리라고 축복의 말씀을 하셨는데, 100세에 얻은 하나뿐인 아들 이삭을 번제로 바치라니. 하늘을 향하여 원망스러운 생각도 가져 보았으리라.

그런 생각도 한순간, 아브라함은 이것저것 생각할 여지도 없이 하나님 앞에 오직 순종, 복종해야 하겠다는 일념밖에 없었으리라.

이튿날, 아브라함은 준비한 후 이삭의 등에 장작을 지우고, 모리아산을 향해 3일간에 걸쳐 갔다. 모리아산으로 가는 3일 동안 인간적으로 생각해 볼 때 이삭을 번제로 드려야 하나 아니다. 하나밖에 없는 자식을 번제로 드리면 이제는 자식을 더 낳을 수도 없고 후손이 끊어지는데, 다시 돌아갈까 망설임도 있었으리라. 하나님의 명을 저버릴 수도 없고, 가야 하나 말아야 하나 3일간은 사탄과 싸움을 하는 여정이었을 것이다.

마침내 모리아산에 도착하여 제단을 쌓고 장작을 깔아 놓은 후 이삭은 아브라함 아버지에게 "제물은 어디 있습니까?" 하고 여쭈었다. 아브라함은 괴로운 마음으로 "너를 번제로 드려야 하느니라." 하며 이삭의 몸을 묶을 때, 건장한 이삭은 아버지의 말에 불응하고 죽음을 모면하려고 뿌리칠 수도 있었지만, 그러지 않고 순종하여 목숨까지도 개의치 않고 아버지께 내놓았다.

이삭이 아버지의 말씀에는 다 순종할 수 있지만 죽기는 싫다며 뿌리쳤다면 하나님의 번제 섭리 역사는 어찌 되었을까?

이삭은 너무도 놀랍고 자랑스러운 자식이었다. 하늘 앞에 절대 순종, 복종의 일념으로 하나밖에 없는 외아들을 조금도 거리낌 없이 하나님 명에 순종하는 존경스러운 아브라함과 아버지의 명에 절대 순종하는 이삭은 그 아버지에 그 아들이라는 말이 절로 나올 수밖에 없다.

절대 순종, 복종의 믿음만이 하나님 앞에 나아가는 과정임을 일깨워 주시는 섭리 역사의 교훈인 것이다.

이삭은 몸에 묶임을 당한 채 제단 위에 누웠다. 아브라함은 육중한 왼손으로 이삭의 목덜미를 잡고 오른손으로 큰 칼을 힘차게 내려치려는 순간, 천사의 음성이 들려왔다.

'칼을 멈추어라.'

"여호와의 사자가 하늘에서부터 그를 불러 가라사대 아브라함아

아브라함아 하시는지라 아브라함이 가로되 내가 여기 있나이다 하매 / 사자가 가라사대 그 아이에게 손을 대지 말라 아무 일도 그에게 하지 말라 네가 네 아들 네 독자라도 내게 아끼지 아니하였으니 내가 이제야 네가 하나님을 경외하는 줄을 아노라 / 아브라함이 눈을 들어 살펴본즉 한 숫양이 뒤에 있는데 뿔이 수풀에 걸렸는지라 아브라함이 가서 그 숫양을 가져다가 아들을 대신하여 번제로 드렸더라(창 22:11-13)"

아브라함의 아들 이삭은 성장하여 리브가와 결혼한 뒤 쌍둥이를 낳았다. 첫째 아이는 에서로 털이 많았고, 둘째는 야곱이라 지었다.

성장하여 에서는 매일 사냥을 해서 맛있는 음식을 이삭에게 대접하는 보람으로 보냈고, 이삭은 장자인 에서에게 언젠가는 장자권을 상속하겠다는 마음을 먹었다. 사냥을 마치고 돌아온 에서는 배고픔을 모면해 보려고 죽을 쑤고 있는 야곱에게 죽 한 그릇을 요구하니, 야곱은 꾀를 내어 형이 장자권을 포기하고 나에게 팔면 죽 한 그릇을 주겠다고 하니 에서는 가볍게 생각하고 장자의 명분을 팔겠다고 맹세하더라.

이삭이 점차 쇠약해져 앞이 잘 보이지 않는 처지라 에서에게 모든 장자의 명분을 축복하기 위하여 사냥을 통해 맛있는 음식을 해 가지고 오라 하시매, 그 이야기를 들은 리브가는 야곱에게 모든 준비를 시켜 에서 대신 야곱이 장자의 축복을 받게 한다.

사냥을 마치고 돌아와 맛있는 음식을 만들어 아버지에게 권하니 "너는 누구냐?" 그가 대답하되 나는 맏아들 에서로소이다.

이삭이 심히 크게 떨며 "사냥한 고기를 내게 가져다준 자가 누구냐. 너 오기 전에 내가 다 먹고 그를 위하여 축복하였음이라."

에서는 아버지의 이 말을 듣고 방성대곡하며 내 아우가 간교하게 내 복을 빼앗았다고 분개하며 아우 야곱을 죽이리라 하였으니 이 말을 들은 리브가는 야곱이 죽임을 당할까 두려워 야곱을 하란의 오빠 라만에게 보낸다.

외삼촌 댁에서 20년간 양치기 생활을 하며 아내 레아와 라엘을 얻고 많은 양 떼를 소유하며 세월을 보냈다.

"여호와께서 야곱에게 이르시되 조상의 땅 네 족속에게로 돌아가라 내가 너와 함께 있으리라 하신지라(창 31:3)"

20년이란 세월이 흘러 야곱은 형인 에서를 찾아간다.

얍복나루에서 사람과 밤새도록 싸워

"그 사람이 자기가 야곱을 이기지 못함을 보고 야곱의 환도뼈를 치매 야곱의 환도뼈가 부러지며 그 사람과 씨름할 때에 위골되

하나님의 섭리 역사

었더라 그 사람이 그에게 가로되 네 이름이 무엇이냐 가로되 야곱이니이다 그 사람이 가로되 네 이름을 다시는 야곱이라 부를 것이 아니요 이스라엘이라 부를 것이니 이는 네가 하나님과 사람으로 더불어 겨루어 이기었음이니라 야곱이 청하여 가로되 당신의 이름을 고하소서 그 사람이 가로되 어찌 내 이름을 묻느냐 하고 거기서 야곱에게 축복함이라(창 32:25-29)"

형의 장자권을 빼앗아 도망갔던 야곱은 20년 만에 형을 만나 보기가 심히 두렵고 불안했을 것이다.

형이 400여 명 되는 많은 무리를 이끌고 나타나자 야곱은 엎드려 일곱 번 절을 한다. 에서는 동생 야곱을 죽이려 하였으나 에서도 생각해 보니 하나밖에 없는 혈육인 동생이기에 야곱을 반갑게 받아주며 서로 부둥켜안고 뜨거운 눈물을 흘렸다.

야곱은 형인 에서의 얼굴을 바라본즉 하나님의 얼굴을 보는 것처럼 보였다. 이스라엘은 가지고 온 제물을 형인 에서에게 갖기를 권하니 에서는 만류했으나, 이스라엘의 간곡한 청에 수락하고 받아들였다.

이스라엘 가정은 풍요롭게 살아간다. 이스라엘은 열두 자식을 두었는데, 그중 열한 번째 요셉이 어려서부터 총명하고 부모의 사랑을 독차지하게 되니 형들로부터 미움을 받는다.

하루는 요셉이 형들의 양 떼를 몰고 다니는 곳을 찾아갔으나, 형들이 요셉을 죽이기로 작당하고 구덩이에 묻어 버리려는 순간, 때마침 찾아온 이스마엘 상인에게 흥정하여 요셉을 은 20개에 팔아넘긴다.

이스마엘 상인은 요셉을 데리고 애굽으로 떠났다. 그때 요셉의 나이 17세였다.

형들은 집에 돌아와 부모에게 요셉이 들짐승에게 잡혀 죽었다고 한다. 사랑하는 요셉의 예기치 않은 비보에 이스라엘은 심히 낙심하고 눈물의 세월을 보냈다.

매년 풍년이 들던 세월이 지나가고 계속 흉년이 드니 이스라엘 자녀, 형제들은 양식을 구하기 위해 이국땅인 애굽으로 향한다. 형들에 의해 애굽으로 팔려간 요셉은 온갖 고생을 하고 어려운 사연 속에서 고통을 감내하며 지내던 중, 마침내 바로왕에 의하여 애굽의 총리 자리까지 올라가게 되었고, 그 과정에서 양식을 구하기 위해 찾아온 형님들의 소식을 듣게 되었다. 부모님과 자기 동생 벤야민의 소식이 궁금하고 속히 보고 싶고 만나고 싶다.

요셉이 형들과 상봉하게 되자 형들은 몸 둘 바를 모른다. 요셉은 형들이 팔아서 내가 애굽에 온 것이 아니라, 여호와께서 형들을 통해 나를 애굽에 보내셨다고 했다.

하나님의 섭리 역사

양식을 구해 돌아온 자식들로부터 요셉의 소식을 듣고 매우 기뻐하는 이스라엘은 요셉의 초청으로 온 가족이 애굽에 들어가니 모두 72인 가족이어라. 그때 이스라엘의 나이 130세라.

아브라함 번제 실수로 너희 후손이 이방의 객이 되어 400년간 고역을 치른다고 하신 진노의 말씀이 아브라함-이삭-야곱-요셉 4대만에 하나님의 약속이 이루어짐이라. 애굽 고역 400년 시작이니라.

이스라엘은 애굽에서 17년간 향유하다 147세에 숨을 거둔다.

아브라함의 번제 실수가 가져온 결과물로 인해 이방의 객이 되어 고난의 세월을 보내게 됐을 때, 얼마나 무서웠을까를 생각해 보면 실로 가슴이 뭉클하고 하나님이 두려우심을 깨달아야 한다.

우리는 모두 하나님이 두려운 분이라는 것을 깨달아야 한다. 하나님은 약속을 반드시 지키시는 분이다. 우리는 하나님을 항상 사랑이 넘치는 분으로만 알고 있는데, 이렇게 무책임한 행위를 했을 때 하나님의 진노가 얼마나 무서운지를 깨달아야 한다.

하나님의 무서움을 못 느낀다면 올바른 신앙이 아니다.

아브라함은
① 복의 근원이요

② 열강의 아비요

③ 열왕의 조상이요

④ 믿음의 조상이다.

유대교, 그리스도교, 이슬람교 발생의 근원이시다.

아브라함 가정은 하나님의 명을 절대 순종, 절대 복종해서 하나님의 축복을 받았다.아브라함과 그의 가정 속에 하나님의 깊은 뜻이 깃들어 계셨음을 생각할 때 비단 아브라함 가정만의 섭리 노정이 아니라, 우리의 가정과 운명도 동일한 것이다.

울고도 싶고 때로는 한탄도 나오고 왜 나만 이렇게 살아야 하나 비관할 때도 생기지만 참고 인내하고 지내다 보면 웃을 날도 올 것이다. 이러한 우리의 생활 이면에는 놀라우신 하나님의 섭리의 크신 뜻이 나와 우리 가정에 연계되어 있었구나 하는 것을 훗날에 알게 될 때, 하나님에 대한 기쁨과 감사가 넘쳐날 것이다.

아브라함의 하나님

이삭의 하나님

이스라엘의 하나님

아브라함은 아내 사라가 불임이었기에 자식에 대한 고민이 많았으리라. 그렇기에 하나님이 아브라함에게 네 후손이 하늘에 별과 같이 바닷가에 모래 같이 번성하리라고 축복해 주셨을 때 인간적으로 생각할 때는 도저히 납득이 안 갔을 것이다.

아브라함이 번제로 실수했을 때 하나님의 진노가 너희 후손이 이방에 객이 되어 400년간 고역을 당하리라 하셨지만, 아브라함은 내가 자식이 없는데 어찌 저런 진노의 말씀을 하실까 생각해 보았으리라.

아담과 하와에게 따먹으면 죽으리라 명을 거역하고 따먹은 아담과 하와는 죽었다.

하나님 자신의 형상대로 지으시고, 온갖 정성과 심혈을 기울여 지으시고, 만물을 주관하라고 축복해 주신 아담과 하와의 죽음은 하나님 자신의 죽음과 다름이 없었을 것이다.

노아에게 방주를 지으라 명하셨다. 사탄의 죄악이 세상에 가득한 것을 보시고 한탄하셨다. 창조하실 때마다 보시기에 좋으셨다고 하신 만물을 쓸어 버리신 하나님의 애절한 그 심정이 어떠하셨겠는가?

만물 지으심을 한탄하신 하나님, 그러나 하나님은 언약을 지키셨다.

아브라함의 번제 실수로 네 후손이 이방의 객이 되어 400년간 고역을 당하리라 하신 언약은 아브라함으로부터 4대에 걸쳐서 지키셨다.

하나님은 아브라함에게 언약하신 지, 이십사 년 만에 이삭을 얻게 하셨고 이삭이 에서와 야곱을 두고 야곱의 아들 요셉을 거쳐 4대를 통해 아브라함에게 언약하신 애굽 고역 시대를 준비, 시행하심을 볼 때 하나님의 언약은 반드시 이루어짐을 깨닫게 해 주는 교훈인 것이다.

하나님의 사랑은 한없이 넓고 깊으시지만, 하나님의 진노는 이토록 무서움을 역사가 증명해 보여 주셨다.

유아 시절에는 부모님이 무서운 줄 모르고 부모님의 사랑 속에 성장했지만, 자녀가 장성하면 지엄하신 아버님을 알게 되고 행동거지를 올바르게 함과 같이 우리의 신앙 생활도 신앙 초기에는 사랑의 하나님으로만 알고 지냈지만, 점차 신앙심이 성장하면서 참다운 하나님의 섭리의 뜻과 하나님의 심정을 깨닫게 될 때 비로소 나의 신앙심이 하늘 앞에 상달되고 인정받는 자리에 서게 될 때

아브라함의 하나님,
이삭의 하나님,
이스라엘의 하나님같이

나도 하나님이 되어야 한다.

하나님의 섭리 역사

제6절. 모세 노정(路程)

모세는 이집트 제19대 왕조 세티 1세(기원전 1318~1304 추정)와 그의 아들 람세스 2세(기원전 1299~1213 추정) 시기에 태어났다고 한다.

야곱과 함께 애굽에 이른 모든 권속이 72인에 이른다. 이스라엘 자손은 생육이 좋고 번성하여 창생하고 강대하여 온 땅에 가득하게 되었더라.

"요셉이 알지 못하는 새 왕이 일어나서 애굽을 다스리더니 / 그가 그 신민에게 이 백성 이스라엘 자손이 많고 강하도다 / 자 우리가 그들에게 대하여 지혜롭게 하자 두렵건대 그들이 더 많게 되면 전쟁이 일어날 때에 우리 대적과 합하여 우리와 싸우고 이 땅에서 나갈까 하노라 하고(출 1:8-10) / 그러므로 바로가 그 모든 신민에게 명하여 가로되 남자가 나거든 너희는 그들을 나일강에 던지고 여자여든 살리라 하였더라(출 1:22)"

"레위 족속 중 한 사람이 가서 레위 여자에게 장가를 들었더니 / 그 여자가 잉태하여 아들을 낳아 그 준수함을 보고 그를 석 달을 숨겼더니 / 더 숨길 수 없게 되매 그를 위하여 갈대 상자를 가져다가 역청과 나무의 진액을 칠하고 아이를 거기에 담아 하숫가 갈대 사이에 두고 / 그 누이가 어떻게 되는 것을 알려고 멀리 섰

더니 / 바로의 딸이 목욕하러 하수로 내려오고 시녀들은 하숫가에 거닐 때에 그가 갈대 사이에 상자를 보고 시녀를 보내 가져다가 / 열고 그 아이를 보니 아이가 우는지라 그가 불쌍히 여겨 가로되 이는 히브리 사람의 아이로다.

그 누이가 바로의 딸에게 이르되 내가 가서 히브리 여인 중에서 유모를 불러다가 당신을 위하여 이 아이를 젖 먹이게 하리이까? / 바로의 딸이 그에게 이르되 가라 그 소녀가 가서 아이의 어미를 불러오니 / 바로의 딸이 그에게 이르되 이 아이를 데려다가 나를 위하여 젖을 먹이라 내가 그 삯을 주리라 여인이 아이를 데려다가 젖을 먹이더니 / 그 아이가 자라매 바로의 딸에게로 데려가니 그의 아들이 되니라 그가 그 이름을 모세라 하여 가로되 이는 내가 그를 물에서 건져내었음이라 하더라.

모세가 장성한 후에 한번은 자기 형제들에게 나가서 그 고역함을 보더니 어떤 애굽 사람이 어떤 히브리 사람 곧 자기 형제를 치는 것을 본지라 / 좌우로 살펴 사람이 없음을 보고 그 애굽 사람을 쳐 죽여 모래에 감추니라 / 이튿날 다시 나가니 두 히브리 사람이 서로 싸우는지라 그 잘못한 사람에게 이르되 네가 어찌하여 동포를 치느냐 하매 / 그가 가로되 누가 너로 우리를 다스리는 자와 재판관으로 삼았느냐 네가 애굽 사람을 죽임과 같이 나도 죽이려느냐 모세가 두려워하여 가로되 일이 탄로 되었도다

하나님의 섭리 역사

/ 바로가 이 일을 듣고 모세를 죽이고자 하여 찾은지라 모세가 바로의 낯을 피하여 메디안 땅에 머물며 하루는 우물 곁에 앉았더라.

메디안 제사장에게 일곱 딸이 있더니 그들이 와서 물을 길어 구유에 채우고 그 아비의 양 무리에게 먹이려 하는데 / 목자들이 와서 그들을 쫓는지라 모세가 일어나 그들을 도와 그 양 무리에게 먹이니라 / 그들이 그 아비 르우엘에게 이를 때 아이가 가로되 너희가 오늘은 어찌하여 이같이 속히 돌아오느냐 / 그들이 가로되 한 애굽 사람이 우리를 목자들의 손에서 건져내고 우리를 위하여 물을 길어 양 무리에게 먹였나이다 / 아비가 딸들에게 이르되 그 사람이 어디 있느냐 너희가 어찌하여 그 사람을 버리고 왔느냐 그를 청하여 음식으로 대접하라 하였더라.

모세가 그와 동거하기를 기뻐하며 그가 그 딸 십보라를 모세에게 주었더니 / 그가 아들을 낳으매 모세가 그 이름을 게르솜이라 하여 가로되 내가 타국에서 객이 되었음이라 하였더라

여러 해 후에 애굽 왕은 죽었고 이스라엘 자손은 고역으로 인하여 탄식하여 부르짖으니 그 고역으로 인하여 부르짖는 소리가 하나님께 상달한지라 / 하나님이 그 고통 소리를 들으시고 아브라함과 이삭과 야곱에게 세운 그 언약을 기억하사 / 이스라엘 자손을 권념하셨더라(출 2:1-25)"

모세는 목동 생활로 나날을 보내게 되었다. 아침에 산과 들로 양 떼를 몰고 다니다 저녁때면 집으로 돌아온다. 똑같이 반복되는 생활을 1년 아니 10년 아니 40년이라는 세월을 보내면서 잃어버린 양 한 마리를 찾기 위하여 때로는 많은 고생을 했으리라.

양 떼를 이리 몰고 저리 몰고 매일같이 반복된 생활에 짜증도 나고, 때로는 자신의 처지를 비관도 해 보며, 산등성에 드러누워 맑은 하늘에 떠다니는 구름을 볼 때면 어디론가 멀리 떠나고 싶었으련만, 암담한 생활 속에 변화를 일으키고 싶어도 대안이 없다.

희망도 꿈도 없이 지루하고 답답한 생활의 연속이었다.

하루는 모세가 가 보지 못한 가장 멀고 제일 높은 산을 찾기로 하고 일찍이 출발해 서편으로 가는 도중, 여기저기에 떨기나무가 많이 산재해 있었다. 그중 한 떨기나무에 불이 붙었는데 타지가 않는 것이다.

그 광경을 바라본 모세는 너무도 신기해서 물끄러미 바라보았는데, '모세야, 모세야.' 자기를 부르는 음성이 들려온다.

내가 여기 있나이다.

주변에는 아무도 없다. 그것은 바로 하나님의 부르심이었다. 하나님의 산 효렙산에서 처음으로 모세는 하나님을 만나심이다.

하나님의 섭리 역사

"이리로 가까이 오지 마라 너의 선 곳은 거룩한 땅이니 네 발에서 신을 벗어라 / 나는 네 조상의 하나님이니 아브라함의 하나님 이삭의 하나님 야곱의 하나님이라 / 모세가 하나님 뵙기를 두려워하여 얼굴을 가리우매 / 여호와께서 가라사대 내가 애굽에 있는 내 백성의 고통을 정녕히 보고 그들의 그 반역자로 인하여 부르짖음을 듣고 그 우고를 알고 / 내가 내려가서 그들을 애굽인의 손에서 건져내어 그들을 그 땅에서 인도하여 아름답고 광대한 땅 젖과 꿀이 흐르는 땅 곧 가나안 지방에 이르게 함이라 / 이제 이스라엘 자손의 부르짖음이 내게 답하고 애굽 사람이 그들을 괴롭게 하는 학대도 내가 보았으니 / 이제 내가 너를 바로에게 보내어 너로 내 백성 이스라엘 자손을 애굽에서 인도하여 내게 하리라 (출 3:4-10)"

10재앙 중에 마지막 재앙으로

"밤중에 여호와께서 애굽 땅에서 모든 처음 난 것 곧 위에 앉은 바로의 장자로부터 옥에 갇힌 사람의 장자까지와 생축의 처음 난 것을 다 치시매 / 그 밤에 바로와 그 모든 신하와 모든 애굽 사람이 일어나고 애굽에 큰 호곡이 있었으니 이는 그 나라에 사망치 아니한 집이 하나도 없었음이었더라 / 밤에 바로가 모세와 아론을 불러서 이르되 너희와 이스라엘 자손은 일어나 내 백성 가운데서 떠나서 너희의 말대로 가서 여호와를 섬기거라(출

12:29-31)

이스라엘 자손이 라암셋에서 발행하여 숙곳에 이르니 유아 외에 보행하는 장정이 육십만 가량이라(출 12:37)

이스라엘 자손이 애굽에 거주한 지 사백삼십 년이라 / 사백삼십 년이 마치는 그 날에 여호와의 군대가 다 애굽 땅에서 나왔은즉 (출 12:40-41)"

아! 애굽 땅에서 나왔노라.

모세는 이스라엘 자손 육십만을 데리고 애굽에서 나와 가나안 점령을 향해 떠나는 길이다. 사십 년간 양 떼를, 초목을 뜯기며 먹이 찾아 헤매듯 그리던 중 잃어버린 한 마리의 양을 찾기 위해 헤맸던 모세. 이제는 이스라엘 자손들을 양 떼같이 잘 인도하기 위한 예행연습을 한 것일지도 모른다.

이제는 이스라엘 자손 60만 양 떼를 몰고 가나안으로 향해 가는 길이다. 애굽에서 뜨거운 태양 밑에서 벽돌을 찍고 굽고 하며 온갖 고역 속에 생활하다가 애굽을 탈출하여 젖과 꿀이 흐르는 가나안 땅을 향해 나아간다. 애굽에서 나와 가나안을 가려면 홍해가 가로막고 있고, 사막에 들어가면 먹을 것도 없고 마실 물도 없으며, 뜨거운 태양 볕을 어떻게 피하나 등등 생각하고 걱정을 한다면 애굽에서 두려움에 출발도 못 했으리라.

하나님의 섭리 역사

그런 문제는 안중에도 없고 생각조차 않고 오직 탈출이 문제고 가나안에 입성해야 한다는 생각뿐이다. 막상 애굽을 탈출하여 의기왕성하고 힘차게 달려갈 뿐이다.

가다 보니 홍해로 가로막혀 있다. 이스라엘 민족이 모세를 통한 여호와의 열 가지 재앙으로 애굽에서 탈출하여 나왔는데, 바로가 생각하니 너무 괘씸하고 억울하여 애굽 군대에게 명을 내려 이스라엘 민족을 모두 전멸하라 한다.

뒤에서는 애굽 군대가 몰려오고, 앞에는 홍해가 가로막고 있다. 어찌하면 좋은가? 이렇게 될 줄도 모르고 우리를 데리고 나왔느냐, 거기 있었으면 죽을 일은 없었는데 우리를 끌고 나와서 여기서 죽게 만들 셈이냐 항의가 아우성이다.

모세는 아무리 생각해 보아도 피할 곳이 없으니 답답하고 애가 탄다.

시간이 흐르고 애굽 군대는 곧 도착할 시간이 다가오고 있는데 어쩌나 모세는 여호와 하나님께 호소하며 어찌하오리까 간구하니 '너의 지팡이로 홍해를 쳐라.' 하는 목소리가 들려온다. 답답한 모세는 여호와의 가르침대로 지팡이를 이용해 홍해를 치니 홍해가 갈라진다.

이스라엘 민족이 홍해에서 다 빠져나올 무렵, 애굽의 군대가 홍해로 들어오자 갈라졌던 홍해가 무너지며 애굽 군대는 모두 홍해에 수장되었다. 당시에는 애굽에서 가지고 나온 충분한 양식과 육축이 많은 상태였고, 모두 기력이 좋았다.

여호와를 경외하고 지도자 모세를 신뢰했다면 애굽에서 가나안까지 가는 데 남성 육십만과 어린아이와 여인들 그리고 가축들을 몰고 가노라면 십오 일, 늦어도 일 개월이면 충분히 가나안 땅에 들어갈 수 있었지만, 중간에 블레셋 지방을 거쳐 가야 할 처지에 이를 두려워하지 않고 블레셋 군대와 싸웠으면 능히 승전보를 울리며 가나안 땅에 입성했으리라.

애굽에서 바로에게 행한 열 가지 재앙과 홍해에서의 기적, 구름 기둥과 불기둥 만나 메추리를 먹이고 목마를 때 반석에서 물을 내어 먹게 하여 주신 기적을 체험했으면서도 여호와를 경외하지 않고 자기들을 인도하는 모세를 불신하며 비옥한 애굽 땅에서 살다가 사막 광야에서 삶이 고통스럽다고 애굽에서 떠나 온 것까지 후회하는 무지와 불신에 처했다.

고로 그들은 모두 모래에 사장되었다

"모세가 가서 온 이스라엘에게 이 말씀을 베푸니라 / 곧 그들에게 이르되 내가 오늘날 일백이십 세라 내가 더는 출입하기 능치 못하고 여호와께서도 내게 이르시기를 너는 이 요단을 건너지 못

하리라 하셨느니라(신 31:1-2)

너는 여리고 맞은편 모압 땅에 있는 아바림산에 올라 느보산에 이르러 내가 이스라엘 자손에게 기업으로 주는 가나안 땅을 바라보라 / 네 형 아론이 호르산에서 죽어 그 조상에게로 돌아간 것같이 너도 올라가는 이 산에서 죽어 네 조상에게로 돌아가리니 / 이는 너희가 신 광야 가데스의 므리바 물가에서 이스라엘 자손 중 내게 범죄하여 나의 거룩함을 이스라엘 자손 중에서 나타내지 아니한 연고라(신 32:49-51)

모세가 모압 평지에서 느보산에 올라 여리고 맞은편 비스가산 꼭대기에 이르매 여호와께서 길르앗 온 땅을 단까지 보이시고 / 또 온 납달리와 에브라임과 므낫세의 땅과 서해까지의 유다 온 땅과 / 남방과 종려의 성읍 여리고 골짜기 평지를 소알까지 보이시고 / 여호와께서 그에게 이르시되 이는 내가 아브라함과 이삭과 야곱에게 맹세하여 그 후손에게 주리라 한 땅이라 내가 네 눈으로 보게 하였거니와 너는 그리로 건너가지 못하리라 하시매 / 이에 여호와의 종 모세가 여호와의 말씀대로 모압 땅에서 죽어 / 벧브올 맞은편 모압 땅에 있는 골짜기에 장사되었고 오늘까지 그 묘를 아는 자 없으니라 / 모세의 죽을 때 나이 일백이십 세나 그 눈이 흐리지 아니하였고 기력이 쇠하지 아니하였더라 / 이스라엘 자손이 모압 평지에서 애곡하는 기한이 맞도록 모세를 위하여 삼

십 일을 애곡하니라

모세가 눈의 아들 여호수아에게 인수하였으므로 그에게 지혜의
신이 충만하니 이스라엘 자손이 여호와께서 모세에게 명하신 대
로 여호수아의 말을 순종하였더라 / 그 후에는 이스라엘에 모세
와 같은 선지자가 일어나지 못하였나니 모세는 여호와께서 대면
하여 아시던 자요 / 여호와께서 그를 애굽 땅에 보내사 바로와 그
모든 신하와 그 온 땅에 모든 이적과 기사와 / 모든 큰 권능과 위
엄을 행하게 하시매 온 이스라엘 목전에서 그것을 행한 자더라
(신 34:1-12)"

제7절. 하나님의 진노와 맹세의 언약

아브라함이 방심한 번제가 하나님을 진노케 하시며 이스라엘 후손
이 애굽에서 400년간 고역을 치르게 하셨고, 아브라함-이삭-야곱
에게 맹세하신 언약 가나안 복귀의 맹세 언약을 이루시기 위하여
여호와는 모세를 선택하시어 애굽에서 울부짖는 이스라엘 민족 육
십 만을 애굽에서 탈출시켜 가나안을 점령키 위한 광야 생활 사십
년 형언할 수 없는 고생을 했건만 느보스산에 이르러 가나안 땅을
바라보고도 요단강을 건너지 못하는 당시의 모세의 심정이 어떠했
을까?

모세의 노정을 회고해 볼 때

① 파라오 궁궐 생활 40년

② 미디안 광야 목동 생활 40년

③ 가나안에 들어가기 위한 광야 생활 40년

모세는 120세에 모압 땅 어느 골짜기에 잠들었다.

모세의 일생을 어떻게 평가하겠는가?

아브라함의 번제 실수로 빚어진 애굽 고역 430년을 마치고 모세가 애굽으로부터 탈출하여 가나안에 들어가기까지 모세 광야 생활 사십 년 소요, 도합 470년 만에 이렇듯 장구한 세월이 흐른 뒤 비로소 이스라엘 민족은 가나안 땅을 정복하게 된다.

하나님의 섭리하시는 뜻은 에덴동산의 이상을 예정하셨지 지도자 모세를 예정하신 것은 아니다. 아브라함-이삭-야곱에게 언약하신 가나안 땅에 그의 후손들을 점령시켜 주심이 하나님의 예정이지 사람 모세를 예정하신 것이 아니다. 사람을 예정하신다면 사람 모세를 예정하셨을 것이고, 그렇다면 가나안에 들어가지 못하고 모두 죽었을 것이다.

즉, 하나님이 계획하신 섭리의 뜻은 좌절되는 것이다. 고로 하나님은 뜻을 예정하시지 사람을 예정하시는 분이 아니다. 가나안 복귀 섭리를 모세를 세워 섭리하시다가 모세가 못 하면 여호수아를 선택하시면 되는 것이다. 기필코 여호수아를 통하여 가나안은 점령되었고, 하나님의 명세의 연약은 실현된 것이다.

에덴동산에서 아담의 가정은 하나님의 뜻을 파괴했지만, 이스라엘 민족적 차원에서의 하나님의 약속이 실현된 것이다.

하나님은 전지전능하시기에 무엇이든 한순간에 처리하시는 것으로 가볍게 생각하는 사람이 많다. 하나님은 불가능이 없으신 분으로 알고 있다.

물론 하나님은 불가능한 것이 없으시다.

그렇다면 아브라함-이삭-야곱과의 언약, 가나안의 복귀 섭리가 어째서 430년이나 걸렸겠는가? 에덴동산에서 하나님의 말씀을 거역한 죄악의 섭리 역사가 왜 6천 년이란 긴 세월을 흘려 보내야만 했단 말인가?

하나님은 자신이 창조하지 않은 것에는 간섭하실 수가 없다. 6천년 만에 인류 죄악 역사를 청산하시고 하나님의 뜻 성사와 창조 목적의 완성을 이루시기까지 깊은 고뇌, 애타시는 심정, 형언할 수 없는 노심초사 속에 바라심대로 이루시기를 바라시는 하나님의 사정과 심정을 한순간이나마 연상해 보는 시간이 주어지기를 바랄 뿐이다.

하나님의 섭리 역사

제5장. 메시아의 강림(降臨)

말라기 선지자는 메시아의 강림을 예언했고 메시아보다 엘리야가 먼저 온다고 예수님 강림 400년 전에 예언했다.

유대인들은 기원전 6세기 바벨로니아의 포로가 되어 70년 만에 귀환했다. 나라를 잃고 생활이 고달팠고 지하 공동묘지에 숨어서 살았다. 이런 환경에서 자기들의 나라를 찾아줄 메시아를 고대했다.

예수님은 기원전 BC 4년에 태어나셨다.

당시 유대인들은 로마의 압정 속에 박해를 받으며 심한 고통 속에 신앙 생활을 해야 했다. 우리를 고통 속에서 해방해 주실 분은 오직 메시아가 속히 와서 유대인들을 로마의 압정과 고통 속에서 우리를 구원해 주시고 잃어버린 나라를 찾아 주실 분으로 학수고대해 왔다.

제1절. 세례요한의 등장

하루는 요단 강가에 한 사나이가 나타났다.

"광야에 외치는 자의 소리가 있어 가로되 너희는 주의 길을 예비하라 그의 첩경을 평탄케 하라 기록된 것과 같이 / 세례요한이 이르러 광야에서 죄 사함을 받게 하는 회개의 세례를 전파하니 / 온 유대 지방과 예루살렘 사람이 다 나아가 자기 죄를 자복하고 요단강에서 그에게 세례를 받더라

요한은 약대털을 입고 허리에 가죽띠를 띠고 메뚜기와 석청을 먹더라 / 그가 전파하여 가로되 나보다 능력 많으신 이가 내 뒤에 오시나니 나는 굽혀 그의 신들메를 풀기도 감당치 못하겠노라 / 나는 너희에게 물로 세례를 주었거니와 그는 성령으로 너희에게 세례를 주시리라 / 그 때에 예수께서 갈릴리 나사렛으로부터 와서 요단강에서 요한에게 세례를 받으시고 / 곧 물에서 올라 오실새 하늘이 갈라짐과 성령이 비둘기같이 자기에게 내려오심을 보시더니 / 하늘로서 소리가 나기를 너는 내 사랑하는 아들이라 내가 너를 기뻐하노라 하시니라(막 1:3-11)

요한이 또 증거하여 가로되 내가 보매 성령이 비둘기같이 하늘로서 내려와서 그의 위에 머물렀더라 / 나도 그를 알지 못하였으나 나를 보내어 물로 세례를 주라 하신 그이가 나에게 말씀하시되 성령이 내려서 누구 위에든지 머무는 것을 보거든 그가 곧 성령으로 세례를 주는 이인 줄 알라 하셨기에 / 내가 보고 그가 하나님의 아들이심을 증거하였노라 하니라(요 1:32-34)"

메시아의 강림

제2절. 세례요한과 예수와의 관계

요한은 사가랴 대제사장의 아들로 그의 어머니 엘리사벳에게서 태어났으며 예수는 성령으로 잉태되어 마리아에게서 요한보다 6개월 후 탄생했다.

엘리사벳과 마리아는 자매지간이므로 요한과 예수는 사촌형제지간이다. 요한은 제사장의 가문에서 대체로 갖추어진 생활환경 속에서 교육을 받으며 잘 성장했겠지만 예수는 요셉의 목수 집안에서 요셉의 목수 일을 조력하며 생활환경이 어려워 교육도 제대로 받지 못하고 살아왔으리라.

사촌지간인 요한과 예수는 자매지간인 어머님들이 만날 때마다 동행하며 서로 여러 번 만날 기회가 있었을 것이다.

하루는 예수님이 요단강을 찾아갔다.

많은 소문도 들었겠지만, 예수님도 요단강에 요한으로부터 세례를 받으러 갈 때는 심심해서 놀러 간 것이 아니겠고 좀 더 새로운 마음의 각성과 뜻하신 바 있어 크신 결심 속에 찾아갔으리라.

요단 강가에서 요한으로부터 물 세례를 받고 언덕으로 올라오니 성령이 임하시어 하늘이 갈라지며 성령이 비둘기같이 내려오심을 보시더니 하늘로부터 소리가 나기를, '너는 내 사랑하는 아들이라.

내가 너를 기뻐하노라.' 예수님은 성령에 이끌리어 광야로 나간다.

방향도 목적지도 모르고 성령에 이끌리어 한없이 광야로 이끌려 들어가 성령으로부터 많은 것을 배우고 터득하였으리라. 하나님의 소망과 뜻이 무엇이며 그 뜻을 이루시기 위해서 어찌해야 할 것인지 많은 진리 탐구 속에 배우며 일깨웠으리라. 사막에서 먹을 것도 없었겠지만 성령에 충만해서 진리 탐구 열중 시에는 배고픔도 몰랐으리라.

40일을 보내고 집으로 돌아가야겠다고 생각하고 발걸음을 옮기려니 그때는 다리에 힘이 없어 걷기에 힘이 들고 배가 고픔을 느꼈으리라. 집에 도착하니 얼굴을 뙤약볕에 쪼여 심히 검게 보였겠고, 몸은 몹시 수척해 보이고 면도를 못 해서 수염은 길게 자랐겠고, 옷은 너덜너덜 찢어지고 남루한 모습으로 집에 찾아왔을 때 그의 어머니 마리아가 얼마나 놀라고 반가웠겠는가?

말없이 사라져 버린 예수가 어디를 갔나 사방 찾아보아도 갈 곳이 없건만 행방불명이 되었으니 찾는 것도 지쳐서 포기하던 중, 이렇게 남루한 모습으로라도 찾아와 주니 반갑고 고마웠으리라. 예수를 목욕시키고 새 옷으로 갈아입히고 음식을 잘 먹이며 사연을 물어보았으리라.

세례요한이 요단강에서 예수님께 세례를 하니, '성령이 비둘기같이 임하며 이는 내 사랑하는 아들이라.' 하는 음성을 분명히 들었으니 집에 찾아와 아버지와 어머니 엘리사벳에게 요단강에서 벌어졌던 상황을 자세히 말씀을 드렸으리라.

임신했을 때부터 성령으로 잉태되었다고 두 가정을 너무나 잘 알고 있는 터, 예수가 세례를 받고 그런 성령의 역사가 벌어졌으니 엘리사벳과 마리아의 두 가정은 예수가 메시아로 오셨음을 시인했으리라.

온 유대인으로부터 존경받고 칭송받은 세례요한이 예수님을 메시아로 믿고 따르면 온 유대인도 예수님을 메시아로 믿고 따랐으리라. 메시아의 신앙적 사상으로 뭉치면 무서운 힘이 발휘되고 놀라운 하늘의 역사가 벌어질 것임을 믿어 의심치 않는다.

그러나 사가리아와 엘리사벳은 예수를 메시아로 인정하지 않았다. 그렇기에 세례요한도 '내 사랑하는 아들'이라는 음성을 하늘로부터 들었건만 예수를 메시아로 믿고 따르지 않았다. 사가리아는 예수가 성령으로 잉태 되었음과 예수가 메시아의 사명을 갖고 왔음을 신뢰하지 않았기에 요한의 요단강 현장에서 발생한 이야기를 듣고도 예수를 메시아로 믿고 따르라는 응답을 주지 않았다.

예수가 몸보신을 마치고 동네 사람들이 모인 곳에 나타나 복음을 전하니 저 애가 한동안 안 보이더니 좀 이상해져 나타났다고 오히려 비웃음을 샀으리라.

'고향에서는 복음을 전파하기가 어렵겠구나.' 생각 끝에 할 수 없이 마을을 떠나야겠다고 결심한 그는 어머님께 말씀드리고 복음 전파를 위한 사역의 길을 나섰다.

갈릴리 호수에 도착했을 때 예수님은 고기를 낚는 어부 베드로를 만나다. 밤새도록 고기 한 마리 못 잡은 베드로에게 그물을 오른쪽에 던지라고 하신다.

내가 어부요. 수십 년간 그물을 치던 자신에게 그물을 던지라니 어처구니없지만, 그래 한번 쳐 보니 그물 가득히 물고기가 잡혔다.

예수는 베드로에게 "너는 고기를 낚는 어부가 되지 말고 사람을 낚는 어부가 돼라." 말씀하시니, 그물을 던지고 베드로는 예수님을 따랐다.

예수님은 치유와 복음으로 이 고을 저 고을을 찾아다니시며 전도에 힘쓰셨고 열두 제자를 선택하시었다. 제자들을 각 지방으로 전도를 내보내실 때 두 벌 옷을 가져가지 말고 배낭도 없이 오직 지팡이 하나만을 가지고 가라 하신다.

예수님은 많은 환자를 치유하셨지만, 환자가 치유되면 네 믿음이 너를 성케 했다고 하셨지 나의 권능으로 치유시켰다 하지 않으셨다.

메시아의 강림

예수님은 3년간 공생에 노정을 걸으시며 제자들과 동고동락하셨다. 예수님은 먼저 그 나라와 의를 구하라고 하셨다. 예수님은 베드로에게 땅에서 풀면 하늘에서도 풀고 땅에서 매면 하늘에서도 맨다며 천국 문 열쇠를 베드로에게 주셨다.

천국에 가실 분이 천국 문 열쇠를 왜 베드로에게 주고 가실까? 예수님이 천국 가셔서 천국 문을 활짝 열고 어서들 들어오라고 하셔야 할 텐데 천국 문 열쇠를 땅에 두고 가셨다.

예수님 믿고 천국 가자고 하신다.

논에서 곡식이 여물지 않으면 곳간에 들어갈 수 없듯이, 성숙한 결실을 맺을 때 비로소 창고에 들어갈 수 있음과 같다. 살아서 성인 (聖人) 거룩한 사람이 되어 천국 생활을 영위하여야 설혹 운명하셔도 천국에 들어가지, 지상에서 원죄 청산도 못 하고 살아서 천국 생활도 못 해 본 처지에 어찌 천상 천국에 들어갈 수 있겠는가.

천국은 죽어서 가는 곳이 아니라 천국은 내가 살아서 이 땅에 지상 천국 창건을 하는 것이 하나님의 뜻인 것이다. 하나님의 천지 창조 이상은 우리가 사는 이 땅에 에덴동산을 창건하는 것이지, 죽어서 하늘나라 천국에 가는 것이 아니다.

예수님이 베드로에게 천국 문 열쇠를 주심의 목적이 여기에 있는 것이다.

제3절. 세례요한은 누구인가

"하나님께로서 보내심을 받은 사람이 났으니 이름은 요한이라(요 1:6)"

오시는 이의 길을 곧게 하기 위해서 광야에서 외치는 소리요, 유대인들의 각별한 신임을 받은 위대한 요한이 이렇게 비참하게 죽임 당해야 한단 말인가?

요한이 감옥에 있을 때 곰곰이 생각해 보았으리라.

예수에게 물로써 세례를 줄 때는 하늘이 갈라지고 성령이 비둘기 같이 임하여 내 사랑하는 아들이라 들었건만, 돌이켜 생각해 보면 내가 신 들메를 풀기에도 감당치 못하여 물로써 세례를 주거니와 뒤에 오실 분은 성령으로 세례를 주실 분으로 알고 외쳤는데 오리라 한 그분은 바로 나의 사촌동생이었다.

요한은 목수의 아들로 태어나 평생 아버지 따라 목수 일이나 조력해 주던 예수가 메시아일 것이라고는 생각하지 못한 모양이다. 예수의 생애를 너무도 잘 알고 공부도 못 한 더벅머리 노총각, 나의 사촌동생이기도 한 예수가 어찌 메시아가 된단 말인가?

이해가 도저히 되지 않았을 것이다. 예수가 메시아인 것 같기도 하고 아닌 것 같기도 하고, 감옥 안에서 답답하여 제자들을 예수에게 보냈다.

"요한이 옥에서 그리스도의 하신 일을 듣고 제자들을 보내어 / 예수께 여짜오되 오실 그이가 당신이오니이까 우리가 다른 이를 기다리오리이까 / 예수께서 대답하여 가라사대 너희가 가서 듣고 보는 것을 요한에게 고하되 / 소경이 보며 앉은뱅이가 걸으며 문둥이가 깨끗함을 받으며 귀머거리가 들으며 죽은 자가 살아나며 가난한 자에게 복음이 전파된다 하라 / 누구든지 나로 인하여 실족하지 아니하는 자는 복이 있도다 하시니라(마 11:2-6)"

이 6절에 '누구든지'라 하심은 세례요한을 가리키신 말씀이다.

"저희가 떠나매 예수께서 무리에게 요한에 대하여 말씀하시되 너희가 무엇을 보려고 광야에 나갔더냐 바람에 흔들리는 갈대냐 / 그러면 너희가 무엇을 보려고 나갔더냐 부드러운 옷을 입은 사람이냐 부드러운 옷을 입은 자들은 왕궁에 있느니라 / 그러면 너희가 어찌하여 나갔더냐 선지자를 보려더냐 옳다 내가 너희에게 이르노니 선지자보다도 나은 자니라 / 기록된 바 보라 내가 내 사자를 네 앞에 보내노니 저가 네 길을 네 앞에 예비하라고 하신 것이 이 사람에 대한 말씀이니라(마 11:7-10)"

"만일 너희가 즐겨 받을진대 오리라 한 엘리야가 곧 이 사람이니라(마 11:14)"

말라기 선지자가 앞으로 메시아가 오시는데 그의 앞에 엘리야가 먼저 온다고 예언했다.

예수님 제자들이 오리라 한 메시아가 우리의 스승이라고 전도할 때, 너의 스승이 메시아면 엘리야는 누구냐고 유대인들이 물었을 것이다. 그때 예수님의 제자들은 그 뜻을 몰라 예수님께 여쭈오니 예수님은 세례요한이 엘리야라고 말씀하신 것이다.

유대인들이 요한을 찾아가 "당신이 메시아가 아닙니까?"라고까지 물어보았다. 요한이 "나는 메시아가 아니다." "그러면 당신이 엘리야입니까?"라고 물으니 요한은 나는 엘리야가 아니라고 했다.

여기에 큰 문제가 발생한 것이다. 예수님은 요한을 가리켜 엘리야라고 했는데 요한이 나는 엘리야가 아니라고 했으니 유대인들은 누구의 말을 믿겠는가? 말할 것도 없이 세례요한의 말을 신뢰했을 것이다. 그러니 예수님은 거짓말쟁이로 둔갑한 것이다.

메시아 노릇을 하기 위해 유대인들이 신뢰하는 요한을 이용하려는 술책으로 낙인찍히게 되었다. 누가 예수님을 이렇듯 모욕적인 존재로 만들었는가?

세례요한으로 말미암아 예수님은 거짓말쟁이요, 유대인들에게 불신의 대상으로 전락한 것이다. 이단의 괴수요 바알세불에 걸린 자요 안식일을 거역하는 자로 불림을 받게 되었다.

"내가 진실로 너희에게 말하노니 여자가 낳은 자 중에 세례요한보다 큰 이가 일어남이 없도다 / 그러나 천국에서는 극히 작은 자라도 그보다 크니라 / 세례요한의 때부터 지금까지 천국은 침노를 당하나니 침노하는 자는 빼앗느니라 / 모든 선지자와 및 율법의 예언한 것이 요한까지니 / 만일 너희가 즐겨 받을진대 오리라 한 엘리야가 곧 이 사람이니라(마 11:11-14)"

세례요한이 저세상에서는 가장 비참한 자로 전락했다는 것이다. 하나님으로부터 메시아 앞일을 곧게 하기 위해서 택함을 받은 선지자 특히 여인의 몸으로 태어 낳은 자 중에 가장 크게 태어났으나, 책임과 사명을 못 할 시 천국에서는 지극히 작은 자라도 저보다 크니라.

요한은 가장 비참한 생애를 마치게 된 것이다.

역사적 교훈으로 깨달아야 한다.
오늘날 현실 교회에서는 세례요한의 위대성을 논하고 있다.

제4절. 세례요한의 죽음

세례요한이 헤롯왕의 부당한 행위를 말하자 감히 아무도 말할 수 없는 상황에서 요한이 헤롯왕의 그릇된 행위를 외치자 요한을 감옥에 수감했다.

요한이 옥중에서 곰곰이 생각해 본다. 내가 어찌하여 옥중에 갇혀 있어야만 하나.

요단강에서 분명히 예수에게 물로써 세례를 주었을 때 하늘이 갈라지고 성령이 비둘기같이 하늘로서 내려와서 그의 위에 머물렀더라. 누구 위에든지 머무는 것을 보거든 그가 곧 성령으로 세례를 주는 이인 줄 알라 하셨기에 내가 보고 그가 하나님의 아들이심을 증거하였노라. 내 기뻐하는 자라 하시더라.

당시 요한은 예수가 하나님의 아들이요, 장차 오실 이가 그였음을 성령이 충만했던 요한은 증거하고 하늘 문 열려 성령이 비둘기같이 임함을 보았다. 요한이 갈망하던 메시아 그이가 나타났으니 자기의 제자들과 더불어 예수와 동행했어야 마땅한 일 아닌가?

요한이 예수와 동행하면 요한을 존경하고 각별한 신임을 받는 온 유대인들이 모두 요한과 더불어 예수를 믿고 그와 동행했어야 했건만, 그렇게 되기를 바람으로 하나님은 세례요한을 먼저 보내시어 그의 길을 닦게 예비하셨음인데, 요한은 예수를 따르지 않고 "그는 흥해야겠고 나는 쇠하리라." 하셨으니 어찌 요한이 이런 말을 할 수 있을까? 예수님이 흥하시면 그를 예비하러 오신 세례요한도 흥해야 함이 마땅한 일인데 나는 쇠하여야 하겠다는 말은 예수와 동행치 않고 따로 내 갈 길을 가겠다는 말이다.

요한이 분봉 왕 헤롯이 자신의 아내인 파사엘리스와 이혼하고 동생의 아내 헤로디아를 취했다. 요한이 헤롯왕의 악한 행위와 부당함을 고하자 헤롯왕은 요한을 감금했다. 유대인들의 각별한 신임을 받는 위대한 예언자요 헤롯이 두려워해 차마 죽이지를 못했다.

헤롯왕의 생일날 헤로디아의 딸 살로메가 헤롯과 신하들이 있는 자리에서 춤을 추었는데 살로메의 춤에 흡족한 헤롯은 살로메에게 무엇이든 한 가지 청을 들어주겠다고 한다.

살로메는 어머니와 상의하여 요한의 목을 달라고 요청한다.

헤롯이 여러 신하 앞에서 한 약속이라 거절을 할 수 없어 요한의 목을 베어 가지고 오라 하니 요한의 목을 은쟁반에 담아 가지고 오더라.

제5절. 예수의 죽음

예수님은 자신이 해야 할 하나님의 사명을 완수하기 위해서 죽음을 앞둔 예수님은 게세마네 동산에서 최후의 담판 기도를 드릴 때 땀방울이 핏방울같이 되더라. "할 만하면 이 잔을 면케하여 주십시오, 그러나 나의 뜻대로 마시고 아버지의 뜻대로 하십시오." 간곡한 기도를 드렸다.

십자가에 못 박힐 고통을 생각할 때 고통을 모면해 보시려는 심정에서 할 만하면 이 잔을 면케 해 달라고 부탁하신 말씀이 아니다. 하나님의 뜻을 이루어 드리기 위하여 오셨기에 유대인들은 특히 제사장 교법사 장로들의 반대가 치열하지만, 아직도 예수님은 할 일이 남아 있으시기에 간곡한 기도를 드린 것이다.

그러나 내 뜻대로 마옵시고 아버지 뜻대로 하십시오.
목숨 걸고 하시는 기도 아버지 청대로 하십시오.

예수님은 십자가를 지시게 되었다. 예수님은 골고다를 향해 올라가셨다. 일반 범죄자들은 십자가상에 안 올라가려고 심히 반항하는 데 비해서 예수님은 한순간도 의식적으로 반항함이 없이 순순히 십자가상에 드러누우셨다.

이렇게 반항하지 않고 순순히 십자가상에 드러누운 자도 일찍이 로마 병정들은 보지 못했으리라. 십자가상에 드러누울 때 고통을 줄이는 일종의 쓸개 탄 포도주를 주었으나 예수님은 불응하고 마시지 않으셨다.

그 옛날 이삭이 장작더미 위에서 죽을 줄 알면서도 아버지의 말씀에 순종함과 같다. 이삭이 아버지의 명을 반항하며 "나는 죽기 싫어요." 하며 장작더미 위에서 뛰어내려 도망을 친다면 아버지 아브라함인들 어찌할 수 있겠는가? 그래서 이삭 번제를 못 드렸다면 하나님의 섭리는 어찌 되었겠는가?

하나밖에 없는 외아들을 번제로 바치라고 하나님의 말씀에 순종한 아브라함도 훌륭하지만, 아버지의 말씀에 죽음까지도 순종하는 이삭의 아버지에 대한 존경심이 놀라울 뿐이다.

행여 이삭이 불응하면 어쩌나 아브라함인들 고민 안 해 보았겠는가? 아브라함이 번제를 실수하면 어쩌나 하나님께서도 얼마나 노심초사하신 가운데 지켜보셨겠는가? 예수님도 한순간이나마 십자가상에 눕기를 거부하셨다면 어찌 되었을까?

그런 불미스러운 상황이 벌어졌다면 예수님은 3일 후 부활하실 자격이 없으셨을 것이다. 왜? 사탄의 참소 조건이 되기 때문이다.

예수님이 십자가를 지고 끌려가실 때 바라보시던 하나님의 심정이 어떠하셨겠는가? 예수님께서 십자가상에서 한순간이라도 불응하셨다면 하나님의 구원 섭리가 어찌 되었겠는가? 하나님께서 결정적 섭리를 하실 때마다 얼마나 조바심 속에서 애타게 결과를 관망하셨겠는가?

사탄의 참소를 받지 않으시려는 때문인 것이다. 비록 이삭과 예수님뿐만 아니라 6천 년간의 섭리 역사가 한결같이 노심초사하신 가운데 인류 역사를 섭리하여 오셨다.

내가 아니 모두가 이 자리에 서 있기까지의 과거를 회상해 볼 때 스스로 했다기보다는 배후에서 쌓은 염려 속에 하나님이 이끌리어 주셨음에 부정할 수 없으실 것이다.

우리는 하나님이 영광 중에 계신 하나님이시기에 나의 고통, 나에게 축복, 나의 소망을 들어달라고 철없는 하소연도 하고 때로는 원망도 했다. 이 얼마나 부질없는 신앙 생활을 해 왔는가를 절실히 깨닫고 올바른 신앙 생활을 영위해 나가야 할 것이다.

하나님은 영광 중에 계신 하나님이 아니라 한결같이 노심초사하신 가운데 우리를, 아니 나를 위하여 고민 염려 속에 나를 지켜보시고 계시는 하나님이심을 알아야겠다.

예수님은 십자가를 지시게 되었다.

육중한 십자가를 메시고 골고다를 향해 올라가시다가 너무 힘이 들어 쓰러지신다. 이 광경을 바라본 시몬이라는 구례네 사람이 예수님의 십자가를 대신 메고 올라갔다. 골고다 산정에 도착 3시경 십자가에 못 박힘을 받게 되어 대못 박힌 곳에서 피가 흘러내린다.

우리는 바늘에 찔려 피 한 방울만 흘려도 '앗 따가워!' 하며 고통을 느끼는데, 손과 발에 대못을 박고 땅에 누워 있던 십자가가 90도 각도로 세워지니 살이 찢어지고 붉은 피가 낭자하게 흘러내리는 고통의 순간에도 예수님은 아래를 내려다보시니 3년간 동고동락 했던 사랑했던 제자들의 모습이 보이지 않는다. 어머니 마리아와 이모와 슬로바의 아내 마리아와 막달라 마리아의 눈물짓는 모습만 보일 뿐이다.

"오후 9시 즈음에 예수께서 크게 소리질러 가라사대 엘리 엘리 라마 사박다니 하시니 이는 곧 나의 하나님, 나의 하나님, 어찌하여 나를 버리셨나이까 하는 뜻이라(마 27:46)"

하나님도 나를 버리시고 3년간 동고동락했던 제자들의 모습이 보이지 않는 처절한 환경에 처해 계신 예수님의 심정이 어떠하셨겠는가?

"다 이루었다. 아버지여, 내 영혼을 아버지 손에 부탁하나이다."

한마디 남기시고 십자가에 달리신 지 6시간 만에 머리를 숙이시고 영혼은 돌아가셨다.

다 이루었다 하심은 유대인의 불신 속에서 나의 할 일을 다 하셨다 함이지 하나님의 뜻을 이루어 드리기 위하여 오신 예수님이 하나님의 뜻을 다 성취해 드렸다는 의미의 말씀이 아니다. 하나님의 뜻을 다 이루었다면 왜 재림하신다고 하셨겠는가?

십자가 형틀의 죽음은 로마법에 가장 악독한 정치범으로 며칠이 지나면 살점이 떨어지고 들짐승들이 찾아와 먹어치운다. 제사장 교법사들은 예수님을 불신하여 십자가에 못 박혀 돌아가시게 하였지만, 예수님의 십자가를 끝까지 지켜본 로마의 백부장과 예수님의 죽음을 확인하기 위하여 지켜본 로마 군인들은 심히 두려워하며 예수님의 죽음을 확인한 후 떠나면서 "예수님은 진실로 하나님의 아들이다."라고 한마디 남기고 떠났다.

유대인들이 사는 아리마데의 요셉이 빌라도에게 찾아가 예수님의 사체를 요구하니 빌라도는 깜짝 놀라고 당황했다. 예수님의 시체가 골고다 밖으로 나가는 것을 원치 않았으리라.

로마법에 가장 악독한 정치범의 시체를 밖으로 내보냄이 불가했을 터인데, 아리마데의 요셉의 부탁을 거절하면 유대인들의 협조를 요구할 때 그의 힘이 절대적으로 필요했으므로 거절하기가 쉽지 않았으리라.

고민 끝에 빌라도는 허락했다. 유대인들이 이 사실을 모르게 매우 두려움 속에 예수님의 시체를 골고다에서 멀지 않은 동굴 속에 안치시켰다.

니고데모와 아리마데 요셉은 유대 민족을 대표하는 의회 의원으로 인품이 좋고 의로운 사람이라. 니고데모가 가져온 유황으로 냄새를 제거하기 위해 온몸에 뿌리고 찢긴 살점을 몰약으로 바르고 붙여서 아리마대의 요셉이 세마포를 준비하여 예수님의 시체를 감싸고 멀리 떨어져 있지 않은 사용 않은 동굴 속으로 옮겼다.

유대인의 장례법대로 처리하더라. 예수님의 장례를 치르기까지 제자들은 한 명도 나타나지 않았고 아리마대의 요셉과 니고데모가 예수님의 장례를 잘 치렀고 돌로 무덤을 막았다.[*] 라고 기록되어 있다.

예수님은 돌아가신지 3일 만에 부활하셨다. 마리아가 3일 만에 예수님 무덤을 찾아가보니 돌문은 열려있고 천사가 나타났다. 두려움에 마리아가 무덤 안에 들어가 보니 예수님의 시체는 보이지 않고 세마포만 있었다. 예수님의 시체가 무덤에서 부활하신 것이다. 천사가 말하기를 부활하신 예수님은 갈릴리로 가셨다는 말을 듣고 마리아는 돌아갔다.

---

[*] 고고학자들이 로마의 옛 무덤을 조사해 본 결과 100개의 무덤을 발견했는데 돌로 막은 무덤은 10여 개에 불과했다고 한다.

예수님의 부활은 상서적으로 볼 때 육체적 부활을 의미한다.

부활하시여 예수님은 베드로와 요셉을 만나셨고 제자들을 만나셨다. 500여 형제들을 만나셨고 문을 닫은 마가 다락방에서도 나타나셨다.

육체를 소유한 자와 같이 음식도 드셨고 40여 일 활동하시다가 제자들이 보는 가운데 감람산에서 승천하셨다.

예수님이 승천하실 때 육체를 소유한 상태에서 승천하셨겠나?

영계에서는 육체가 쓸모가 없다.

예수님의 영체가 승천하셨다면 예수님의 시체는 어디에 벗어버리고 가셨을까? 요셉과 마리아가 예수님의 시체가 있는 곳을 정녕 몰랐을까? 몰랐을 리가 없다. 예수님의 부활을 육체적 부활로 인식시키려니 예수님의 시체를 확인시켜 줄 수 없음은 불신당하고 있는 예수님을 보다 신화적 의미를 갖게 표방하기 위해서 예수님의 시체를 비밀로 덮어둘 수밖에 없었으리라.

제6절. 예수님의 탄생

예수님은 마리아로부터 성령으로 잉태되었다고 하셨다. 전지전능하신 하나님이 천지창조를 하실때에는 절대적 법칙과 질서에 의해서 창조하셨다. 법칙과 질서를 무시한 창조는 창조가 아니다.

마리아가 성령으로 예수님을 잉태했다고 하지만 하나님의 능력으로 못하실 일은 없으시겠으나 창조의 법칙과 질서를 무시한 창조를 하시게 되면 스스로의 창조 법칙과 질서를 부정함을 의미함이 된다.

현대 과학적 관점에서 생각해 보거나 생물학적 관점에서 생각해 볼 때 가능하지 않다.

사랑의 힘은 생명을 탄생시킴이 하나님의 창조 법칙과 질서인데 불가능한 사실이다. 예수님이 성령으로 잉태되어야만 메시아가 되고 사랑의 힘으로 생명이 잉태되었으면 메시아가 될 수 없는가. 앞으로 재림주님을 고대하시는데 구름타고 오셔야만 믿겠는가? 성령으로 잉태되어야만 믿겠는가? 사랑의 힘으로 탄생된 재림주님을 안믿겠는가?

포도원의 비유를 보라.

"끝날에는 아들이 안오고 주인이 직접 오신다고 하셨다. 재림주님은 안오시고 하나님이 아버지가 직접 오신다고 하셨다(마 21:33-40절)"

제7절. 예수님은 왜 십자가를 지셨나

첫째, 세례요한의 예수에 대한 불신이다.

예수님은 요단강에서 물로써 세례를 줄 때 하늘 문이 열리고 성령이 비둘기같이 임하심을 보고 이는 하나님의 아들이심을 증명했다. 분명히 성령이 충만할 때 보기도 하고 듣기도 했는데 인간적으로 돌아와 생각해 보면 예수는 나의 사촌 동생이요, 어려서부터 배움도 적고 요셉의 목수 밑에서 목수 보조나 하며 덧없는 생활로 보냈고, 나이 30세 되도록 장가도 못 간 더벅머리 노총각 그리고 유별나게 똑똑하다는 칭송도 동네 사람들로부터 인정을 못 받던 예수가 어떻게 메시아가 될 수 있다는 말인가?

앞으로 나의 뒤에 오실 분은 내가 그의 신 끈을 풀기에도 감당치 못하고 나는 물로써 세례를 주지만 장차 오실 분은 성령과 불로써 세례를 주신다고 공언했는데, 그렇게 훌륭하게 오실 분이 자기 사촌 동생이라니 도저히 이해가 안 되고 납득하기 어려워 예수님을 메시아로 동행치 않고 불신했다.

둘째, 유대인들은 기원전 6세기 바벨로니아에게 나라를 잃고 포로가 되어 70년 만에 귀환했다.

그들은 로마 압정 속에서 신앙의 구속을 받으며 생활고에 시달리고 고통스러운 생활 속에서도 유일한 소망인 메시아가 속히 오시기를 고대했다. 메시아가 오면 생활의 고통에서 해방될 수 있고, 자유로운 신앙 생활을 영위할 수 있고, 잃어버린 유대 나라를 찾을 수 있을 것이기 때문이었다.

그러나 그들은 막상 찾아온 메시아 예수님을 이단자요, 율법을 어기는 자요, 안식일을 거역하는 자, 유대인의 왕이라 일컫는 자라고 배척했다. 또한, 이를 맞이해야 할 유대 서기관 교법사 제사장들은 불신을 바탕으로 빌라도에게 간청하여 예수님을 오히려 십자가에 내어 주는 주동자 행위를 했다.

셋째, 로마 압정에 유대인의 왕이라 하니 로마를 혁명하여 정복하려는 자라 여기고 로마법에 가장 악독한 정치범으로 몰리어 십자가 형틀에 달리시게 되었다.

제8절. 예수님은 이 땅에 왜 오셨나?

아니, 하나님은 예수님을 왜 이 땅에 보내셨나?

하나님은 천지 창조의 이상을 성사시키시기 위한 목적으로 예수님을 이 땅에 보내셨고, 예수님은 하나님의 천지 창조 이상을 실현해야 할 사명을 갖고 이 땅에 오셨다.

"내가 하늘로서 내려온 것은 내 뜻을 행하려 함이 아니요 / 나를 보내신 이의 뜻을 행하려 함이니라 나를 보내신 이의 뜻은 내게 주신 자 중에 내가 하나도 잃어버리지 아니하고 마지막 날에 다시 살리는 이것이니라(요 6:38-39)"

요한이 "오시리라 한 메시아가 바로 예수, 이 사람입니다." 하고 예수님을 증인하고 자기 제자들과 함께 합류하였다면 온 유대인들은 메시아 예수님을 믿고 따랐을 것이다. 그렇다면 인류 역사 속 놀라운 하나님의 섭리가 달라졌을 것이다.

그러나 그들은 요한의 불신, 대제사장 서기관 교법사의 불신, 유대 민족의 불신으로 기다리고 고대하던 메시아를 오히려 십자가상에 올려놓았다.

예수님을 메시아로 믿고 따랐다면 어찌 되었을까?

이스라엘 민족을 애굽에서 탈출시켜 주신 하나님, 이스라엘 민족을 약속의 땅 가나안을 함락시켜 주신 하나님. 세계를 지배하던 엄청난 위력을 과시하는 로마제국이라 할지라도 하나님이 유대 민족을 말살하도록 하시겠는가?

로마제국이 아무리 악독하고 혹독하게 신앙 생활을 박해해도 메시아 사상으로 철통같이 응집된 유대 민족은 거기에 굴복하지 않고 더욱 강건하게 목숨을 개의치 않고 대응할 때 로마도 압력만으로는 그들을 지배할 수 없다는 것을 깨달았을 것이다.

유대 민족의 요구 조건을 들어주며 협의를 할 때, 유대 나라를 인정하고 신앙의 자유를 보장할 때 비로소 로마제국의 기반의 터전 위에 세계적 전도 활용이 확장되지 않았을까 생각해 본다. 하나님의 놀라우신 섭리의 역사가 발전되어 갔을 것임을 의심치 않는다.

수 세기 후에 로마의 황제 콘스탄티누스가 기독교를 인정해 세계적으로 전파시켜 나갈 수 있는 계기가 되었다.

제9절. 구원(救援)이란

구원의 사전적인 뜻은 본래의 상태로 원상을 회복하는 것을 말한다.

물에 빠진 자의 구원이란, 물에서 건져내어 빠지기 전 상태 위치에 올려놓은 것을 말한다. 같은 맥락에서 환자의 구원이란, 병들기 전의 건강한 상태로 회복시켜 놓은 것을 뜻한다.

에덴동산의 아담과 하와가 죄가 없던 상태에서 "따먹지 말라. 따먹은 날에는 정녕 죽으리라." 하신 말씀을 거역하여 에덴동산에서 쫓겨나게 되었고 하나님의 말씀을 거역한 죄로 말미암아 인간 시조 아담과 하와는 타락하게 되었고 원죄의 대가로 사망에 이르게 되었다.

그런 의미에서 죄지은 자의 구원이란, 타락 전 에덴동산의 아담과 하와의 입장으로 돌아가는 과정적 현상을 구원이라고 한다. 구원을 받았다 함은 인간의 원죄를 청산하고 사탄의 주관권으로부터 선별된 몸과 마음을 가진 자가 원죄가 없어 하늘나라에 갈 수가 있는 것이다.

제10절. 성서상 생(生)과 사(死)의 개념

예수님의 제자 도마가 예수님께 아버지가 돌아가셔서 장사를 지내고 오겠다고 여쭈니 예수님 가로되, 죽은 자는 죽은 자에게 맡기라고 하셨다. 첫 번째 죽은 자는 돌아가신 도마의 아버지를 말함이요, 두 번째 죽은 자는 장사를 지낼 산 사람을 가리키신 말씀이다.

성서상의 죽은 자는 사탄의 주관권 내에서 사탄의 주관을 받는 사람을 의미함이요, 성서상의 산 사람은 하나님의 주관권 내에 속한 사람을 산 사람이라고 했다.

구원이란 사탄의 주관권 내에 속한 사람이 하나님의 주관권 내로 돌아가는 과정적 현상을 구원이라 한다. 어제의 나보다 오늘의 내가 기도를 통해 죄를 회개하고 더욱 선(善)을 향한 모습을 보였다면 그 보인 만큼 구원을 받을 것이다.

타락 인간은 우리의 심령 속에 사탄이 기거하고 있으므로 우리의 심령 속에 사탄을 몰아내고 하나님이 거하실 수 있는 성전을 이루어 하나님의 성령이 왕림하시면 완전 구원을 받는 것이다.

구원은 내적(內的) 변화이지 외적(外的) 변화가 아니다. 내적 심령의 변화인 것이다.

부활이란, 굼벵이가 변하여 나비가 되듯이 암탉이 달걀을 품어서 병아리가 되듯이 죄악의 생활 속에서 시기, 질투, 욕심, 탐욕으로 사탄의 주관권 내에서의 생활에서 점차로 선의 생활로 기쁨, 행복, 자유 속에서 서로 위하는 마음, 사랑으로 품으며 하나님의 사랑권 내로 변화되어 하나님을 닮아가는 과정적 현상을 뜻한다.

어제의 나보다 오늘의 내가 기도를 통해 죄를 회개하고 더 선(善)한 모습을 보였다면 그 보인 만큼 부활한 것이다.

타락 인간은 우리의 심령 속에 사탄이 기거하고 있으므로 우리의 심령 속에 사탄을 몰아내고 하나님이 거하실 수 있는 성전을 이루어 하나님의 성령이 왕림하시면 완전 부활(完全復活) 할 것이다.

성서 에스겔 장에 나오는 '마른 뼈의 부활'은 이스라엘 민족의 장래를 예언해 주신 환상이요, 영안이 열렸을 때 본 현상이지 실제로 일어난 상황은 아니다.

이 현상이 실제 사실이라면 공동 묘소에 있는 시체는 가능하다고 할지 모르겠으나 사람이 바다에 나아가 빠져 죽었다, 죽은 사람의 시체를 물고기들이 뜯어 먹었다. 그리고 사람이 그 고기를 잡아먹게 되었다 하자.

이 사람의 부활은 어찌 될 것인가?

제6장. 재림(再臨)에 대하여

예수님이 곧 오시리라 하시고 십자가에 달리신 지 3일 만에 부활하셨다. 곧 오시마 하신 약속을 이루심이라. 예수님은 부활하시어 제자들에게 나타나셨고 많은 군중 앞에도 나타나셨으며 예수님을 십자가에 못 박은 로마 군인들도 보았으리라.

예수님이 다시 오시겠다고 하신 말씀이 2천 년 동안 많은 재림 주님이 나타나 많은 순진한 성도들을 유인하고 유혹하여 헌금(獻金)을 강요하고 착복하여 교세 확장에 전력하다가 정체가 드러나면 분산되고 소멸되었다.

이러한 참상은 지금도 진행 중이다.

현세(現世)는 예수 믿고 천국 가자는 전도 방식에 호응하고 따라오는 시대가 아니다. 현대(現代)의 지성인들은 시대의 흐름에 따라 인간의 지혜와 지능과 지식이 향상됨에 따라 인간의 자의적 판단으로 결정을 한다.

재림 주님이 다시 오시면 재림 주님이 원죄를 청산해 주시고 사람을 완성시켜 주시는가? 재림 주님 오시기 이전에 하나님은 왜 6천 년간 사람을 완성시키지 못하셨는가? 하나님이 사람에게 믿음을 강요하신다면 말씀드린 바 같이 하나님은 스스로의 존엄성과 절대성이 상실되며 사람에게 주실 창조성의 의미가 없어지기 때문이다. 재림 주님도 사람에게 강제성을 부여하여 행위를 할 수 없으며, 사람의 완성은 사람 스스로의 사명감을 가지고 하나님께 원죄를 기도 속에 사함을 받아 성전을 이루어 완성되는 것이다. 재림 주님은 다시는 아니, 영원히 오시지 않으며 오실 필요성도 없는 것이다.

"다른 한 비유를 들으라 한 집 주인이 포도원을 만들어 산울타리로 두르고 거기에 즙 짜는 틀을 만들고 망대를 짓고 농부들에게 세로 주고 타국에 갔더니 / 열매 거둘 때가 가까우매 그 열매를 받으려고 자기 종들을 농부들에게 보내니 / 농부들이 종들을 잡아 하나는 심히 때리고 하나는 죽이고 하나는 돌로 쳤거늘 / 다시 다른 종들을 처음보다 많이 보내니 그들에게도 그렇게 하였는지라 / 후에 자기 아들을 보내며 이르되 그들이 내 아들은 존대하리라 하였더니 / 농부들이 그 아들을 보고 서로 말하되 이는 상속자니 자 죽이고 그의 유산을 차지하자 하고 / 이에 잡아 포도원 밖에 내쫓아 죽였느니라 / 그러면 포도원 주인이 올 때에 그 농부들을 어떻게 하겠느냐(마태 21:33-40)"

끝날 추수 때에는 아들이 오지 않고 주인이 직접 오신다고 하셨다. 재림 주님이 안 오시고 하나님이 직접 오신다 하셨다.

재림에 대하여

하늘 아버지의 온전하심같이 너희도 온전하라 하심같이 중보자에 의해서 우리 모두 온전자가 됨이 아니라 나 자신의 노력으로 온전자가 되어야 한다.

성인은 교육으로 이루어짐이 아니라 스스로 깨우쳐 이루어짐이다.

예수님을 믿는 것보다 한 단계 승화(昇華)하시어 예수님을 닮으라. 예수님을 닮아야 하늘 아버지 계신 천국에 가실 수 있고 예수님 계신 곳에 가실 수가 있는 것이다.

어떻게 예수님을 닮을 수가 있느냐고는 공부 못하는 학생이 나의 실력으로 어떻게 법대(法大)를 가겠는가? 나의 실력으로 어떻게 의대(醫大)를 가겠는가?

포기부터 하지 말고 열심히 공부하면 절대 불가능한 일이 아니다. 할 수 있다.

평생 글을 모르고 쓸 줄도 모르는 노부모님들의 만학도가 많다. 평생의 한이 되어 열심히 배우면서 글을 읽고 글도 쓰며 무한한 보람을 느끼시는 분들이 많다. 문제는 하고자 하는 의지(意志)일 뿐이다. 노부모님의 열정과 같이 나도 열심히 공부한다면 의대, 법대도 못 갈 것은 없다.

예수님은 육신을 소유한 사람이다. 예수님도 안 잡수시면 배고프고, 더우면 옷을 벗으시고 추우면 옷을 입으셔야 한다. 우리의 육신과 조금도 다름이 없으시다.

문제는 정신력이다. 정신력의 차이다. 정신력의, 인내의 한계.

하나님에 대한 결정적, 절대적 신앙의 기준, 예수님이 도달하셨던 기준점에 도달하면 우리도 성령의 임재하심과 성령님의 가르치심과 깨달음, 높은 지혜를 터득하게 될 것이다. 노력은 하지 않고 의욕이 없기 때문이다.

높은 태산을 오르지 않고 높아서 못 오르겠다는 뜻과 같은 이치이다. 예수님을 닮으라.

제1절. 하나님의 섭리사적 지향성(指向性)

하나님의 섭리 역사는 2천 년마다 큰 변천을 가져왔다.

아담부터 아브라함까지의 2천 년간의 역사는 제물로서 하나님 앞에 나아갔고, 아브라함 모세부터 예수까지의 2천 년간의 역사는 구약 시대(舊約時代) 모세의 율법 행위(律法行爲)의 시대요, 예수님으로부터 20세기까지 2천 년간의 역사는 신약(新約) 예수님의 믿음과 은혜의 시대였다.

아담부터 6천 년의 섭리 역사는 하나님의 간접 주관권(間接主觀權)의 시대로 간접 주관권이란 인간이 하나님을 직접 대하지 못하고 만물(萬物)을 통하여 율법을 통하여 예수님을 믿음으로 하나님 앞에 나가는 시대였다.

21세기는 하나님의 '간접 주관권 시대가 종식'되고 하나님의 직접주관권 시대가 도래되었다.

직접주관권 시대란, 하나님의 종적섭리 시대(縱的攝理時代)를 말한다. 중보자(仲保者)를 통하지 않고 내가 직접 하나님께 기도드리는 시대이다.

하나님과 나와의 직접 관계 시대이다.

아담은 미완성기에 타락했으나, 인간 완성은 인간 스스로 사명감을 갖고 완성해야지 중보자로 인하여 완성되면 인간의 사명감과 창조성의 가치는 전락하는 것이다. 하나님이 인간 창조의 존엄성과 절대성이 상실되며 스스로 창조성을 무시하는 결과로 추락하기 때문에 스스로 완성해야 한다. 인간 조상의 타락으로 지은 원죄를 하나님께 직접 기도로써 사(赦)함을 받아야 한다.

예수 강림 이후 2천 년간의 시대는 믿음의 시대였지만, 하나님 섭리 역사 변천으로 21세기는 닮음의 시대이다. 어떻게 닮을 수가 있느냐?

여우는 여우를 낳고, 호랑이는 호랑이를 낳듯이, 하나님은 사람을 하나님의 형상대로 지으셨고 사람에게 생령체로 지으시며 하나님의 내적인 원초적 본성과 본능을 인간에게 부여하시었다.

하나님이 사람을 지으심은 하나님이 영으로 계시기 때문에 육신이 필요로 지으신 것이다. 사람을 지으심은 하나님 자신을 지으심이요, 하나님은 자신의 무형의 영이 실체로 보이는 사람으로 지으심이시다.

고로 사람이 오늘날까지 미완성 인간이지만 사람이 완성되면 거룩한 자요, 성인이 되며 호랑이가 호랑이를 낳듯이 하나님은 하나님다운 사람을 지으신 것이다. 고로, 사람은 하나님을 닮음이다.

불도인들도 번뇌를 탈피하려고 평생 산중의 법당에서 부처님께 경배드리며 목탁을 하지만, 절대 번뇌는 한순간 사라졌나 하지만 한순간 또다시 엄습에 옴을 부정할 수 없다.

마음의 번뇌, 근본적 해결 방안을 처리하지 않는 이상 답이 없다. 죽어서 극락 가는 것보다 살아서 불도인들도 석가세존을 닮으시라. 아니, 되시라.

종국의 목적은 생불(生佛)이 되셔야 한다.

재림에 대하여

이슬람 교인들도 무함마드의 온존하심같이 무함마드를 닮은 성인으로 모두 온존자가 되셔야 할 것이다. 믿음의 조상 아브라함을 닮고, 기독교인들은 예수님을 닮고, 사람들 모두 하나님을 닮아, 하나님이 되셔야 한다.

제2절. 윤회(輪廻)

이승에서 한세상 살다가 타계한 영인들은 다시금 이 땅에 윤회하여 못다 한 삶의 선행을 하며 살아야 한다. 이승에서 육신을 소유한 상태에서 죄를 짓고 죄 사함을 받을 수 있지만 영체는 지은 죄를 청산치 못한다. 그래서 육신을 소유할 때 이승의 삶이 중요하지 저승에 가면 죄를 짓지도 않지만 지은 죄 청산도 못 한다.

영체는 육신을 통한 체험으로 영도 성장하며 영감을 느낄 수 있다. 육을 소유했을 때 육의 체감을 통해서 영도 성장하며 영적 오감이 육과 더불어 성장하게 되어 있다. 영체는 육신의 체험을 통해서 성장한다.

사람의 육체가 선심과 선행을 하면 영체는 좋은 영양소를 공급받지만, 육체가 악심과 악행을 하면 영체는 많은 흠집이 발생한다. 성인이 되기까지는 수십 번 아니, 수백 번이라도 윤회하여 완성한 사람이 되어야 한다.

만물은 생명이 있다. 생물의 씨앗은 변질이 안 된다. 콩 심은 데 콩 나고, 팥 심은 데 팥 난다. 여우는 여우 새끼를 낳고 호랑이는 호랑이 새끼를 낳듯이, 콩 심은 데 팥이 나올 수 없고 여우가 호랑이 새끼를 낳을 수 없다.

따라서 짐승이 사람이 될 수도 없다. 고로 원숭이가 사람으로 진화될 수가 없다.

진화를 논하지만 하나님의 창조 과정은 가장 작은 단위인 쿼크로부터 원자 분자를 창조하시고 이를 통해 광물 세계 광물 세계를 기본으로 식물 세계 식물 세계를 기본으로 동물 세계를 그 위에 하나님의 형상대로 사람을 창조하셨다.

하나님의 만물을 창조하신 과정의 결과를 보았을 때 나타난 모습이 진화로 보일 수는 있겠으나 역사 이래 6천 년간 원숭이가 사람이 되었다는 증거는 없으며 원숭이는 하나님의 형상과 심성을 갖고 태어나지 않았다.

생명의 씨앗이 가진 본질에는 변함이 없다. 무생물이 생물이 될 수 없고 생물이 무생물로 변화될 수 없으며, 벼가 보리로 변질될 수 없고 보리가 벼로 변질될 수 없다. 생물은 식물계 동물계 사람에 이루기까지 형태는 변한 수 있으나 생물은 각기 보유하고 있는 씨앗의 본질은 바뀌지 않는다.

사람의 영은 육신을 통한 체험으로 성장하기 때문에 이승에서 악행을 많이 했다면, 저승에서 윤회하여 선행해야 하며, 완전한 성인이 되기까지 열 번이든 백 번이든 윤회해야 한다.

제7장. 인류의 종말(終末)

코로나19 바이러스가 발병된 지 6개월 만에 온 인류의 입을 막아 놓았다.

전 세계가 생활의 혼란과 불안, 경제적 어려움이 닥쳤다. 많은 사람이 감염되었고 많은 사람이 사망했다. 코로나19에 감염되지 않으려고 마스크를 쓰고 거리 두기로 일상생활의 문화가 달라지고 있다.

현대 과학과 의술의 기술로는 역부족이리라 생각한다. 설혹 백신이 개발된다 하더라도 코로나19 바이러스는 점차 악성으로 변이된 돌연변이가 출현하기 때문이다.

우리는 오늘날까지 핵을 가장 두려워했다. 현존하는 지구상의 핵 문제는 어찌할 것인가? 자국의 안보와 평화를 위해서 보유하고 있다고 하지만, 외부의 침입이 도래하면 핵을 안 사용할 것인가? 핵으로 인류를 멸망케 되겠는가?

하나님은 결단코 용서치 않으실 것이다. 핵을 사용코자 하는 자가 있다면 그가 먼저 피해를 보게 될 것이다. 핵보다 더 무서운 것이 현실적으로 코로나19이다.

지금은 마스크나 거리 두기 또는 비대면으로 감염을 자제할 수 있 겠으나 코로나가 대기 중에 공기 호흡으로 감염되는 신종 악성 병 종이 발병한다면 전파속도가 빠르고 방역이 불가하다. 악성 변종 이 발병 전파 시에는 국경도 인종도 남녀노소를 막론하고 감염되 어 생명에 위협을 느끼지만 피난처가 없다.

코로나19 바이러스가 발병되기 전에는 자유로이 국내외 여행을 즐겼고 저녁이면 오색 네온사인이 황홀한 나이트클럽이나 주점에 서 향락을 즐겼고 그들의 만행이 소돔과 고모라를 방불케 하였으 리라. 소돔, 고모라 같은 이 도성에 불 심판을 내리지 않으심은 아 마도 이 도성에 의인 5인이 살아 있음인가 생각해 본다.

작금의 코로나19 바이러스는 하나님께서 인류에게 내리시는 경종 이다. 개인, 가정, 사회, 국가, 세계적으로 일깨워 주시는 경종이시 라.

누가 이 경종으로부터 자유로운 자가 있나? 개인도, 집단도, 정치 인, 경제인, 종교인도 모두가 더욱 성찰의 계기가 되어 주길 바랄 뿐이다.

기후가 온난화 현상으로 천재지변이 세계적 현상으로 벌어지는데 신종 바이러스 팬데믹이 다가올 것이다. 변이된 미생물이 인간의 과학과 의술의 기술을 항상 앞지르기 때문에 치료 백신이 개발돼

나오기까지는 많은 인명피해가 불가피하다.

지구상에 신종 바이러스 팬데믹은 끝일 날이 없다. 2029년에는 인류 역사상 가장 악독한 신종 바이러스가 발병하여 인류 역사상 가장 많은 인명 피해가 발생할 것이다. 이것이 인류의 마지막 때이다.

수 세기 전부터 질병은 끊임없이 발병해 왔고, 그때마다 치료제가 개발되며 발전해 왔다. 앞으로도 신종 바이러스가 발병될 터인데 대기 중에 잠입되어 호흡으로 전염된다면 마스크나 거리 두기, 비대면이 소용없다.

대안이 무엇인가?

어떤 병균이 인체 내에 침입한다 하더라도 사람 인체 내에서 자체적으로 병균을 물리칠 수 있는 체질 개선이 되어야 한다.

공기를 마시면 사람은 생로병사 할 뿐이다.

태초에 하나님은 사람에게 생기(生氣)를 불어넣어 주셔서 산자(生者)가 되었다. 타락으로 생기를 거두어 가심이다.

하나님으로부터 다시 생기를 받음으로 인체 내에 어떤 악성 병균이 침입한다 해도 생기가 물리쳐 건강한 몸으로 사람으로 영생할 수 있다.

인류의 종말

코로나 발생 전에는 아무런 의식을 하지 않고 편안히 생활했으나, 코로나 발생 이후 무더운 여름 날씨에 마스크를 쓰고 생활하자니 답답하고 숨 막히고, 무덥기도 하다. 어쩌다 마스크를 벗게 되면 "어휴." 하며 편안히 숨을 쉴 수가 있을 때 "시원하다." 하고 생각을 할 뿐 공기에 대한 고마움을 생각해 보셨는지.

5분만 숨을 못 쉬어도 죽을 수 있는 공기의 고마움에는 생각지 않고 전혀 의식치 않았으나 이번 코로나로 말미암아 공기의 고마움을 느낄 수 있는 기회가 되길 바란다.

햇빛도 마찬가지다.

수일간 장마가 지다가 햇빛이 비치면 눅눅하던 환경이 햇빛에 말리고 햇빛을 쏘이며 얼마나 좋은가? 햇빛이 생명을 유지하도록 도와주는 것에 고마움을 느끼며 "햇빛아! 고맙다." 하며 고마움을 표시한 적이 있는가?

한여름 심히 갈증을 느낄 때 시원한 물 한 그릇 쭉 들이마시면 "아휴, 시원하다." 할 뿐 시원한 찬물에게 고마운 마음을 가져 보았는가?

공기도 햇빛도 물도 값없이 숨 쉬고 쬐고 마시지만 고마움을 내 평생 느껴 보지 않았다면 이번 기회에 고맙다는 마음을 가져 보기 바란다.

공기와 햇빛과 물은 대자연이 주는 우리 인간의 생명의 원동력이요, 순리에 순응하며 생명체에게 동일하게 혜택을 주는 공기, 햇빛, 물의 오묘한 속성을 닮아야 한다. 땅을 밟고 있음이 살아 있음에 감사함이요, 공기를 마심이 살아 있음에 감사함이요, 따스한 햇볕을 쬐고 있음이 살아 있음에 감사함을 느껴야 한다.

삶에 불만이, 슬픔이, 괴로움이, 외로움 등이 엄습해 온다 하더라도 스쳐 가는 바람일 뿐 언젠가는 내 곁에 존재하지 못하고 떠나간다. 그런 깊은 계곡을 지나면 넓은 평야가 기다리고 있다.

희망을 품고 최고의 인생관을 수립하라.
반드시 꿈은 이루어진다.

제1절. 교회의 사명

국가적 난제와 위기가 초래되면 교회가 앞장서서 국가의 난제를 솔선수범하고 국가의 위기를 바로잡아 주는 데 앞장서야 할 사명감이 있거늘, 오늘날 코로나19 바이러스 발병의 퇴치에 적극적으로 협조해 주어야 할 교회가 오히려 코로나19 바이러스 온상의 주범이 되어 사회인들로부터 본이 못 되고 오히려 원망의 대상이 된다면 이 얼마나 하늘을 욕되게 하는 행위인가?

비대면 관계로 교회 예배도 못 드리는 지경에 처하게 됨이 사회적 현상에 탓할 일이 아니라, 종교인들의 시각에서는 하나님의 경종으로 각성하고 깨달아야 할 것이다.

하나님이 아담을 지으시고 그의 코에 생기를 불어넣으셨다. 생기란, 하나님께서 영존하시는 생명력을 말한다. 영존하시는 생명력을 사람에게 주셨기에 사람이 가진 생명의 본질은 하나님의 생기이다.

하나님의 생기와 생명을 받은 사람은 무한히 영생할 수 있는 가치를 가진 산 자(生者)이지만, 하나님이 생기를 거두어 가실 때는 사람은 다시 죽은 자(死者)가 된다. 영(靈)은 하나님께로 돌아가지만, 육신(肉身)은 흙으로 돌아가는 헛된 존재이다.

인간 시조가 "따먹지 말라, 먹는 날에는 정녕 죽으리라." 하신 계명을 못 지켜 인간 시조는 죽었고, 그 후손은 태어나면서부터 이미 죽은 자다. 타락한 우리가 생명나무 앞으로 나아가 생명의 과실을 따먹으려면 먼저 하나님으로부터 죄 사함을 받아야 한다. 죄 사함 받기 위한 회개는 실천이 동반되어야 한다.

우리가 산 자(生者) 되기 위해서는 하나님으로부터 생기를 받아야한다. 생기를 받으므로 하나님의 사랑권 내에서 불가분의 관계 속에 영존할 수가 있는 것이다.

먼저 나의 죄 사함을 받기 위해서는 겸손한 자세로 기도를 드리면 하나님께서는 반드시 응답을 주실 것이다.

타락한 아담이 생명나무 앞으로 나아가 선악과를 따먹고 영생할까 두려워 생명나무 앞으로 나아가는 길을 화염검과 그룹들로 막아 놓으셨다. 타락한 아담이 선악과를 먹으면 아담은 영생하고, 아담이 영생하면 하나님은 구원 섭리를 못 하시며 하나님의 창조 목적은 영원히 못 이루어진다. 하나님은 타락한 아담을 에덴동산에서 쫓아내셨으며, 쫓아내신 이유가 격노 때문이 아니라 지극하신 하나님의 사랑인 것임을 알아야 한다.

타락한 인간이 생명나무 앞으로 나아가려면 죄의 두루마기를 빨아 입어야 생명나무 앞으로 나아갈 권세를 얻는다 하셨다. 우리 인체 내에 병균이 침범하면 백혈구가 퇴치하듯이 하나님이 허락해 주신 생기를 마시면 코로나19 바이러스 아니, 어떤 악성 변이가 우리 인체 내에 침범하더라도 퇴치가 된다.

천체 중에는 과학적으로 증명할 수 있는 물질이, 현재 확인된 에너지가 4%밖에 안 된다.

생기는 단순한 물질만이 아니고 생기 자체가 에너지다. 죄 사함을 받고 생기를 불어넣어 주시면 영존하실 수 있는 것이다. 생기는 인위적으로 생산이 불가하며 우주에 가득하다. 하나님으로부터 생기를 못 받으면 죽은 자요, 산소를 마시다가 생로병사하여 영은 주신 하나님께로 가고 육신은 흙으로 돌아간다.

한국의 기온은 일 년이 사계절로 봄, 여름, 가을, 겨울이 대자연의 질서에 순응하며 순환되어 흘러가는데, 과학의 힘이나 인간의 능력으로는 사계절의 순환을 바꾸는 것이 불가하다.

사계절이 돌아옴은 어느 예언자만이 아는 것이 아니라 일반인들도 모두 알고 있듯이 하나님의 섭리도 6천 년간 흘러오는 동안 2천 년마다 하나님의 섭리도 동시성으로 전개되어 왔다는 것을 고찰해 볼 때 분명 21세기는 하나님의 섭리가 새로이 전개될 것임을 알 수 있다. 새 시대 섭리를 이끌어가는 새 진리의 말씀에 순응해야 합니다.

새로운 21세기를 맞이하며 하나님의 섭리 역사는 새로운 섭리의 방향으로 시작되고 있다. 예수님 믿고 천국 가자는 시대가 아니라 우리가 사는 이 땅에 지상 천국을 창건해야 하는 시대이다.

우리 인간은 미완성 단계다. 인간이 미완성 단계에서는 하나님의 창조 목적은 안 이루어진다. 인간이 완성될 때 하나님의 창조 목적이 이루어진다.

사람이 미완성 단계에서 어떻게 하면 완성이 되는 것인가?

21세기는 사람이 중보를 통하지 않고 직접 하나님 앞으로 나아가는 시대이다. 성전(聖殿)에서 설명했듯이 하나님께 간절한 기도를 드려서 죄 사함을 받으면 사람의 심령 속에 거하던 사탄은 쫓겨나고 그 성전 속에 본 주인이신 하나님이 왕림하실 수 있다. 그로써 사람은 미완성 단계에서 완성한 사람이 되는 것이다.

완성된 사람들이 이 지상에 점차로 많이 나타날 것이다. 농부가 농사를 지어 추수 때가 돌아오면 타작을 하여 알곡은 곳간에 쭉정이는 불에 태우듯이 인류의 종말을 맞이해서 산 자와 죽은 자가 구별되리라.

하나님께서 언제까지 죄악의 세계를 지속할 것인가?

하나님의 섭리사를 회고해 볼 때 노아 홍수 심판 때는 노아 가족 여덟 식구만이 구원받았다. 모세가 애굽에서 유대인 60만을 데리고 출애굽해서 목적지 가나안을 향해 나갔으나 모두 사막에서 사장되고 여호수아와 갈렙 두 사람만이 들어갔다. 예수님도 하나님 뜻을 이루시기 위해 이 땅에 오셨지만, 결국 열두 제자만 남기고 십자가를 지셨다.

심판의 시기는 언제인가?

하나님은 새로운 섭리 시대를 여시기 위해서 예수님을 기원전 4년에 이 땅에 보내셨다. 그 시대의 관원들은 아무도 알지 못하자 동방박사 세 사람이 찾아와 경배를 드렸을 뿐이다. 예수님은 3년 공생에 노정을 보내시고 기원후 29년에 낙원으로 가셨다.

하나님의 섭리를 고찰해 볼 때 2천 년 주기로 동시성 시대로 흘러왔다. 그러기에 21세기는 하나님께서 새로운 섭리 노정을 설정 추진하여 오셨다. 21세기 서기 2001년이 하나님의 섭리사로는 6001년이 되는 해다.

예수님은 기원전 4년에 탄생하시어 기원후 29년(4029년)에 골고다에서 십자가를 지셨다.

서기 2001년(6001년)~2007년(6007년) 7년간은 대환란 기간이었고,
서기 2008년(6008년)~2021년(6021년)은 하나님이 내리시는 사랑의 주관권 시대를 맞이하기 위한 준비 기간이다. 이때 미완성 단계의 사람이 완성 단계의 사람으로 거룩한 자가 탄생하며, 사람 성전을 이루어 하나님 되시라 말씀이 선포된다.

사탄이 세상을 주관하는 시기에 거룩한 자가 등장함으로 사탄권 시대는
2021년 부터 하나님 섭리사적(6021년)부터는 사탄 멸망의

전환점 시기다.

서기 2022년(6022년)부터는 하나님 사랑의 권세가 왕성해지리라.

서기 2022년(6022년)~2028년(6028년) 기간은 미완성 단계의 사람들이 세계 각지에서 신앙적, 심정적, 신령적으로 준비된 완성한 거룩한 자들이 많이 나타날 것이다. 거룩한 자들이 모인 곳이 천국이요, 천민 시대(天民時代)가 도래한다.

서기 2029년(6029년)은 심판의 시기다. 하나님의 심판은 사탄권 시대가 지나가고 하늘권 시대가 도래됨이다. 심판이 끝나면 하늘나라가 도래된다. 한 세대는 지나가고 한 세대가 도래되며 새 하늘과 새 땅이 도래된다.

심판이란?

심판은 끝남이 아니라 새로운 시작이다.

끝날에 심판은 말씀심판, 심정심판, 인격심판이 있다.

말씀심판이란 사람이 성전을 이루어 하나님 되심이라는 말씀을 신뢰하고 실천하며 노력하는 자,
심정심판이란 하나님은 영광 중에 계신 하나님이 아니라 6,000년간 섭리하시며 많은 고뇌와 노심초사하신 가운데 잃어버림 아담, 하와 찾아오신 하나님의 심정을 터득해야 하고

인격심판이란 하나님은 사람을 지으실 때 하나님 격(格)으로 지으셨다.

최고의 이상과 최고의 인생관을 수립하여 생활하는 자가 되어야 한다. 이는 성인(聖人)에 버금가는 성인의 반열에 도달되어 인간 타락과는 무관한 위치에 처한 자다. 하나님이 계신 천국에 가려면 하나님이 되어지지 않고서는 하나님이 계신 천국에 들어갈 수 없음이다.

하나님의 사랑권 내에서 구원받은 자들이 하나님의 사랑을 중심으로 하나의 대가족 사회이다.

천국인들의 생활 환경 속에서는 거짓 증언, 불평불만, 시기, 질투, 탐욕, 비방, 욕설이 입으로부터 밖으로 발설되지 않으며, 마음으로부터 기쁨과 행복과 감사가 우러나온다. 올바른 양심에 따라 위하는 마음으로 부모가 자식을 사랑하듯, 자식이 그런 부모들 존경하듯, 내 몸같이 서로가 돌보아주는 참사랑으로 대가족을 형성하며 풍요 속에 살아가는 세상이 천국이요, 천국 생활인 것이다.

몸과 같은 가족이요, 국가요 세계이다. 몸은 대별하여 눈, 코, 입, 귀, 팔, 다리로 구성되어 각기 주어진 기능을 충실히 수행하며 상호 보완 협조 속에 개체는 전체를 위하여 존재한다.

어떤 상황에서도 불평불만 하지 않고 오직 주어진 임무에 충실히 이행할 뿐 모순과 부작용이 없듯이 몸과 같은 대가족으로 사회 국가 세계가 창건될 것이다. 하나님의 사랑을 중심 잡고 이탈하지 않고 일사분란하게 동하고 정하여 온 사회는 온 국가는 온 세계는 동화되리라.

하나님의 섭리 노정				
아담·하와	따먹지 말라 명 받음	아담·하와 성장기	하나님 말씀 불순응 뱀에 꼬임당해 따먹다	에덴동산에서 쫓겨남
노아	방주 지으라고 명 받음	목재 준비 70년 방주 건조 50년	방주 문 닫고 40주야 홍수	함의 실수로 신천지 소망이 수포로 돌아감
아브라함	번제 드리라 명 받음	암소, 양, 비둘기 번제 하나님 노하심 이삭 번제 하나님 합당하심	아브라함의 하나님 이삭의 하나님 야곱의 하나님	요셉 초청 애굽 들어감 애굽 고역 400년 하나님 약속 실행 4대 걸쳐 이뤄냄

모세	애굽에 유대인 구출 명 받음	광야 생활 40년 무수한 이적과 기사 하나님과 지도자 모세 불신 사막에서 사장	석판 받음 모세 5경	바로 궁중 40년 목동 생활 40년 미디안 광야 40, 120세 모압 땅에 잠들다 이후 가나안 입성
예수	마리아 아들을 낳으리니 이름을 예수라 하심 성령으로 탄생	사생활 30년 목수 조력	공생에 3년 치유와 복음 전파	골고다 십자가 기원후 29년 (4029년) 하나님의 뜻 에덴 이상 수포로 돌아감 신약 시대 열림
21세기	2001~2007 7년 대환란의 시기	2008~2021 거룩한 자들이 나타남. 사람, 성전 이루어 하나님 되시라 말씀 선포	2022~2028 세계 각지에서 택함받은 자 집결 말씀 전파 천민 시대 열림	2029년 심판 6029년 천년왕국 영원한 하늘나라

제2절. 인류 종말의 현상

지구의 기후 변화부터 찾아오고 있다.

한국의 기후는 삼한사온이 뚜렷했는데 지구의 기온이 점차 온난화로 되어가고 있다. 지구 기후 온난화로 남극 북극의 빙하가 녹아서 바다로 유입되고 있음은 각 분야의 전문가가 아닌 일반인들도 익히 알고 있는 현실이지만, 인위적이라 함은 원론적이 아니다.

사람들의 생명이 점차 장수해 가고, 기후의 변화가 찾아오고 이런 현상이 새로운 시대가 찾아오고 있음을 확인시켜 주는 징조이다.

어떤 시대가 오나?

잃어버린 에덴동산이 이 지구상에 현현되어 가는 과정적 현상일 뿐이다. 아담이 타락하는 순간 하나님의 탄식이 천지가 다 무너져 내리는 듯한 절망 속에 받은 타격으로 정방향으로 돌던 지구가 궤도를 벗어나 한순간 23.5도로 기울어져 태양을 중심 삼고 타원형으로 돌게 되었으리라.

삼대독자(三代獨子)가 교통사고로 죽었다 했을 때 그의 부모님의 심정이 어떠하였겠는가? 한순간 세상이 온통 캄캄해지며 아무것도 보이지 않고 절망감에 다리에 기운이 쭉 빠지고 일어서지도 못한 채 앉아서 넋 빠진 양 하염없이 통곡만 할 것이다.

하물며 하나님의 심정은 어떠하시겠는가?

아담의 죽음은 곧 하나님 자신의 죽음이셨을 것이다. 타락한 인간의 자식에 대한 사랑도 그러하거니와 사랑의 본체이신 하나님의 아담에 대한 사랑을 어찌 타락한 인간의 부모와 비교할 수 있겠는가?

하나님께서는 절망과 탄식 속에 넋을 잃으신 채 완성한 아담 찾아 6천 년이란 긴 세월을 흘려보내셨다. 완성한 아담을 찾으실 때 하나님도 정신이 번쩍 드실 때 기쁨과 소망 속에 지구도 기울어졌던 23.5도의 지축이 정남북으로 바로 점차 세워지며 지구가 태양을 중심 삼고 타원형이 아닌 원형으로 돌리라.

이런 지축의 변형으로 기후와 환경과 지각변동이 나타날 것이다.

제3절. 영성(靈性) 시대

인류의 시조 아담 가정에서 가인이 아벨을 돌로 처 죽이는 사건이 발생하여 인류 역사는 가정, 종족, 사회, 국가, 세계가 피 흘리는 역사 전쟁사 죄악의 역사로 6천 년간 흘러왔다.

언제까지 죄악의 역사가 지속할 것인가?

애굽에서 고통 속에 신음하는 유대인들의 원성을 들으시고 하나님은 모세를 통하여 유대인들을 애굽에서 탈출시켜 주심같이 죄악으로도 가득 찬 이 세대를 바라만 보고 계실 수 없으실 것이다.

우주 창조를 6일 하시고 안식하시듯 6천 년의 죄악의 역사를 종결 짓고 천국(에덴동산)을 창건하셔야 할 시대가 도래된 것이다.

아담, 하와는 하나님의 존엄성을 망각하고 명을 거역하여 미완성 기준에서 타락하여 하나님의 창조 목적을 이루시지 못하게 했으나 6천 년 만에 나타나는 아담과 하와는 주어진 사명감을 온전히 이루어 드려야 할 것이다.

거짓된 역사, 처참한 역사, 모순된 역사, 피로 얼룩진 역사, 전쟁사, 죄악된 6천 년의 역사는 종식 짓고 21세기 새로운 하나님의 섭리 시대가 찾아온다.

인류 역사 발전과정을 회고해 볼 때

제1차원은 농경사회
제2차원은 산업사회
제3차원은 정보사회
제4차원은 인공지능 시대
제5차원은 영성 시대다.

인류의 종말

사람은 영적인 존재다. 영성은 신성이며 신(神)의 영역이다.

신과의 연계, 소통, 더불어 하나님과의 밀접한 관계를 유지하며 활동하는 시대이다. 사람들의 지혜가 발동하고 혜안이 열리며 심령이 맑아진다. 올바른 생각, 올바른 자세, 올바른 행동, 올바른 언어, 깨끗한 마음을 가질 때 하늘 앞에 부끄럽지 않은 삶을 영위할 때 최고의 인생관을 수립한 최고의 인격자가 하나님의 격이 되는 것이다.

내가 왜 이 땅에 태어났음을 깨닫고 어떻게 살아감을 안다.
하나님이 나를 이 땅에 왜 보내셨고
하나님의 섭리사적 심정을 터득하고
하나님의 뜻을 깨달아
하나님의 그 뜻을 이루어 드림이 나의 사명이오,
하나님이 나를 이 땅에 보내신 목적임을 알아야 한다.
그 목적을 이루어 드릴 때 하나님께서 심히 기쁘심이오,
나에게는 무한한 보람과 영광이다.

지성(知性)의 시대에서는 학식과 경험과 경륜과 리더십으로 국가를 다스리고 세계 무대에서 활동을 했으나 예기치 않은 난제가 발생하면 많은 고뇌 속에 이렇게 할까 저렇게 할까 망설이다 내린 결정이 인류 역사에 돌이킬 수 없는 큰 오류를 남김이 적지 않다.

지성(知性)의 시대에서 영성(靈性)의 시대로 이루고, 천주교 불교에서도 영성 시대의 도래를 예고하고, 21세기는 제5차원의 영성 시대라고 세계적 권위 있는 미래학자들도 말하고 있다.

제5차원의 영성 시대란, 창조 본연의 세계, 하나님의 이상이셨던 에덴동산이 실현됨이며 하나님의 창조 목적이 실현됨을 의미한다.

21세기 생존자들은 영성을 회복해야 한다.

영성 회복은 지식이나 자신의 능력이나 삶의 경험으로 됨이 아니오,
영성은 가르쳐 준다고 교육으로 될 것이 아니요,
자기 스스로 자각해야 한다.

영성은 신의 영역으로 사람의 영과 육체가 불가분의 관계다. 영은 육신을 통해서 좋은 영양소를 공급받으면 영은 성숙된 과일로 창고에 들어갈 수 있으나, 영이 나쁜 영양소를 공급받으면 낙과가 되어 버림을 받는다.

고로, 영의 성장은 본인 스스로 결정지어진다.

21세기에는 세계 각지에서 영성이 성숙된 의인, 성인, 거룩한 자들이 많이 나타나 지성의 시대는 지나고 영성의 시대가 도래되어 세상을 인도하리라. 창조본연의 인간(神人一體)

인류의 종말

제4절. 하늘나라(天國) 창건

사람은 태어나면서부터 죄인이다.

사탄권내 살아가면서 죄를 짓지 않으려고 양심에 어긋남이 없도록 노력하며 살아도 뒤 돌아보면 죄를 짓지 않은 삶을 탈피할 수가 없다.

죄를 짓고 사(赦)하여 달라고 기도를 드리오며 괴로운 한 세상을 살아가야만 했다.

하나님은 6,000년이란 긴 세월 속에서도 아직 인생들이 소망하는 이상 세계를 왜 이루시지 못하셨나? 하나님이 무능하심인가?

하나님은 왜 이상세계를 창건하시지 못하시는가?

하나님 혼자서는 앞으로도 영원히 창조의 목적인 에덴동산을 이루시지 못하신다.

하나님이 에덴동산을 이루시려고 하실 때, 그 뜻을 망친 것이 사람 아담이니 에덴동산을 다시 창건해야 함도 사람이 해야 한다.

사람은 타락으로 미완성 인생이기에 사탄권내 죄악의 세계에서 죄를 짓고 살아가는 인생들은 사후에 천국에 간다고 하지만,

죄를 소지하고는 하나님 앞에 나아갈 수가 없다. 하나님은 죄가 없으신 분이기에 죄가 없는 자라야 하나님 앞에 나설 수 있다.

천국은 죽어서 가는 곳이 아니라, 살아서 이 땅에 하늘나라를 창건해야 한다.

지상에 어느 한 지역을 선정해서 하늘나라를 국격(國格)에 맞추어

U.N에 가입신청을 해서 국가로 승인이 나면 국제적으로 주권국가로 인정받고 보호를 받게 된다.
ROMA에서는 ROMA의 법을 따라야 하듯이
한국인은 한국법을 준수하고,
미국인은 미국법을 준수하듯이
하늘나라에서는 하늘나라 법(天法)을 준수해야한다.
사탄은 하늘법을 침범하지 못한다.
왜? 하늘권과 사탄권은 주관권이 다르기 때문이다.

하늘나라 천법(天法)을 지키고 규범을 준수하여 하나님 사랑권 내에서 생활하면 생활자체가 하늘나라 생활이요, 죄와 무관하게 기쁨과 행복과 감사 속에 삶을 누리다가 타계하면 하늘나라 천국백성(天民)이기에 천국에 들어간다.
하늘나라의 삶은 어떠한가?
인체(人體)와 같은 사회이다.
개체에게 주어진 책임을 완수하되, 개인의 욕심을 부리지 않고, 개체는 전체를 위한 삶이다.
각기 주어진 임무에 자부심과 긍지를 느끼며 유기적 관계가 잘 소통하고 전체를 위한 존재감, 사명감 속에 맡은 바 임무에 자부심을 갖고, 불평 불만 없이 기쁨과 만족 속에 위하는 마음과 행동으로 내 사랑하는 가족같이 온 사회를 온 국가를 온 세계를 하나의 대가족으로 하나님 중심한 사랑의 세계가 이루어지리라.

인류의 종말

칼 막스(Karl Marx)는 자본주의는 스스로의 모순속에 붕괴되지만 공산주의는 인간이 소망하는 이상사회가 이루어진다고 칼막스는 자본론을 외친지 반세기만에 전 세계의 절반을 점령했으나, 사회주의 본산인 소련이 1991년 12월에 붕괴되었다.

민주주의 선호도가 점차 하향 추세다.

하나님의 섭리사적 주기와 섭리사적 전환기가 21세기부터 새로운 시대가 도래되고 있다.

사람 聖殿 이루어 하나님 되시라는 천국의 말씀, 영생의 말씀, 생명의 말씀이 하나님의 섭리사에 의거 전 세계를

하나님의 주관권

하나님의 사랑권

선(善)의 세계가 이루어 지리라

제비 한 마리가 봄 소식을 알려주듯이

영웅 한 사람이 세계의 역사를 바꾸듯이

성인 한 사람이 문화권을 형성하듯이

하나님의 뜻 성사도 한 사람으로부터 시작되고 이루어진다.

하나님은 거룩한 자 온전한 자 한 사람을 찾으시기 위하여

잃어버린 아담을 찾으시기 위하여 섭리하여 오셨다.

사람이 말씀에 실체가 되는 날 생명나무가 되고 창조본연의 인간(神人一體)가 될 때 하나님의 창조목적이 이루어진다.

하나님의 창건에 모두 동참하여 하늘나라 창건에 역군이 되십시다.

상담을 희망하시는 분은
아래 E-mail로 연락 바랍니다.

E-mail : **kimmc2028@gmail.com**
H.P : **010-7437-2028** 로
메세지로 문의 하시면
회답을 드리겠습니다